Philippe Deschamps

Deuil National

LES CATACLYSMES DE LA MARTINIQUE

Saint-Pierre et Saint-Vincent

8 Mai-30 Août 1902

A. LEMERRE, ÉDITEUR

Passage Choiseul, PARIS

Philippe Deschamps

Deuil National

LES CATACLYSMES DE LA MARTINIQUE

Saint-Pierre et Saint-Vincent

8 Mai-30 Août 1902

A. LEMERRE, ÉDITEUR

Passage Choiseul, PARIS

LA PLUS GRANDE CATASTROPHE DE L'HISTOIRE HUMAINE

La France en deuil.

Le 8 mai 1902 — jour de l'Ascension — restera une date émouvante dans les annales du Monde, et c'est pour en perpétuer le bien triste souvenir, que j'écris ce livre.

L'effroyable catastrophe qui a détruit la ville de Saint-Pierre de la Martinique — la perle des Antilles françaises — est inénarrable, le cœur est étreint d'angoisse et la pensée se confond devant un pareil cataclysme, auquel on ne peut guère comparer que celui de Pompéi, en l'an 79, de la Sicile, en 1693, de Yedo, en 1703, ou bien encore le tremblement de terre de Lisbonne qui inspira à Voltaire un poëme philosophique resté célèbre.

Par une rencontre d'une ironie sinistre, ce sont toujours les sites enchanteurs et les plus choyés de la nature sur qui s'abattent ces tourbillons d'épouvante et de mort. Quoi de plus beau que les baies de Naples et de Lisbonne qui furent aussi atteintes par le fléau destructeur !

La Martinique apparut longtemps aux imaginations comme la plus enviée des contrées fortunées, de cet Eden enchanteur qui a nom d'Antilles, de ce paradis terrestre baigné de soleil, doté d'une végétation luxuriante et favorisé d'un climat tempéré.

Les Antilles françaises ont la séduction de Java. *Les Iles*, nom magique qui a toujours tenté les Français désireux de se faire colons.

Les Antilles ! L'Ile heureuse qui vit naître l'Impératrice Joséphine, n'est plus maintenant qu'une île de désastre et de deuil.

La perle des Antilles, une des plus anciennes colonies de la France, témoin des grandes guerres d'autrefois, refuge des imaginations poétiques attirées par la beauté d'un ciel lumineux et d'une mer étincelante aux rives musicales, est maintenant décapitée, puisque Saint-Pierre, qui en était la plus coquette ville, a disparu !

Et dire qu'après tant d'efforts vers la civilisation, tant de découvertes scientifiques, de progrès et de recherches incessantes, l'humanité reste, comme il y a deux mille ans, à la merci des caprices monstrueux d'une nature révoltée devant laquelle le génie des savants reste impuissant !

L'homme est arrivé à se préserver de la famine, à éviter la peste, à se guérir de la rage, les sérums découverts le guérissent des maladies les plus pernicieuses et les plus rebelles ; il a même le suprême espoir de supprimer la guerre — cet autre fléau des peuples — et l'homme ne peut pas éviter ces crachements de feu vomis par ces volcans redoutables qui, en quelques secondes, exterminent des milliers de vies humaines ! Ni la science qui les explique, ni l'intelligence qui les comprend, ni les savants qui les prédisent ne peuvent rien contre ces forces brutales déchaînées par la nature. Comment l'homme, qui n'est pas maître, même des forces qu'il crée, pourrait-il vaincre les forces infiniment plus grandes dont les effets se traduisent par des révolutions terrestres ?

A la tristesse poignante causée par de telles calamités se mêle une humiliation pénible non seulement pour l'orgueil, mais pour la dignité de l'homme. Que peut la pauvre humanité devant un pareil déchaînement de fureurs ? Son impuissance, sa faiblesse se manifestent, elle reste attérée, regarde avec anxiété passer le torrent dévastateur, ne comprend rien à l'atrocité du Destin ; elle disparaît anéantie, ses cris d'épouvante et de mort emplissent l'espace, et c'est tout.

Devant ces spectacles qui semblent faits pour déconcerter et abaisser la **raison** humaine, devant ces avertissements célestes, relevons nos têtes et raffermissons **nos** cœurs, car c'est en présence de la mort qu'il faut célébrer la splendeur de la **vie**.

C'est en face de la fatalité qu'il faut s'armer de courage, c'est devant la souffrance et le malheur, qu'il faut faire appel à la solidarité des peuples. C'est pourquoi nous saluons avec émotion cette ville française qui, hier encore, était l'une des plus belles et des plus prospères de notre bien aimée Patrie, et qui aujourd'hui n'est plus qu'un amas de ruines.

La catastrophe de Saint-Pierre dépasse en horreur tout ce que l'on peut imaginer. 30.000 morts ! quelle est la sanglante bataille qui nous ait donné, en aussi peu de temps, un si terrible bilan de cadavres ? Mourir brûlés vifs, quel supplice, puisque c'était, jadis, le châtiment le plus cruel qu'ait inventé la justice humaine, en ses raffinements barbares. Le bourreau, pour cet auto-dafé prodigieux, c'est la nature elle-même, le feu du bûcher, le Mont Pelé l'a fourni.

Saint-Pierre était la plus coquette ville des petites Antilles. Dans sa grâce créole, elle semblait dormir au bord de la mer bleue, parmi les palmiers entourés d'un fouillis de verdure. Ce volcan, que l'on croyait éteint depuis 1851, s'est soudainement mis à vomir le feu, semant la mort et la ruine autour de lui.

A l'horreur de la catastrophe se mêle une pitié attendrie pour les innocentes victimes, et l'on se demande avec un frisson d'épouvante si, sous nos pieds, ne gronde pas sourdement un de ces épouvantables cataclysmes que la science est impuissante à prévoir.

Dans cette Martinique, dont la population est celle d'un de nos petits départements, la superficié équivalant à la cinq cent trentième partie de la France, tout nous est cher, les glorieux souvenirs de son histoire, le patriotisme de ses habitants, et les intérêts commerciaux qui y sont engagés.

Le jour de la fatale éruption était un jour de fête (*l'Ascension.*) Tout le monde se préparait pour prendre part aux réjouissances organisées, les femmes, les jeunes filles se paraient avec coquetterie, quand tout à coup l'obscurité se fit et le volcan, éclatant avec un fracas formidable, ne laissa de cette ville en liesse, que des cadavres et des ruines. Sur 30.000 personnes, quarante ! ont survécu à cette hécatombe.

Songe-t-on aux navrantes dernières pensées de ces milliers de victimes, depuis le moment où elles voyaient arriver le flot dévastateur jusqu'à celui où elles tombaient fauchées en pleine vie. Sans doute il a été court ce moment ; mais n'en a-t-il pas été d'autant plus terrible, plus cruel et rempli d'angoisse. Ont-ils eu le temps, ces malheureux, de penser aux êtres chers qu'ils avaient autour d'eux ou loin de ce théâtre de désolation ? Des Français qui espéraient revenir dans la Mère-Patrie pour embrasser les parents, les frères, les sœurs, qu'ils avaient laissés sur le sol natal, ont-ils pu en pensée leur adresser un éternel adieu ? C'est horrible de songer à tout cela !

Cette nouvelle terrifiante a produit dans le monde entier une profonde stupeur, elle a excité les sympathies les plus vives pour la France si cruellement éprouvée. L'élan charitable des Nations a été spontané et général. Nos voisins se sont souvenus que la France a su, en toutes circonstances, s'associer aux malheurs d'autrui. Murcie, Ischia, Zetgdin sont encore présents à notre mémoire.

La presse parisienne a rendu hommage au dévouement des équipages du *Suchet* et du *Pouyer-Quertier*, qui ont été, sous une pluie de cendres, arracher des milliers de vies humaines à la mort, ainsi qu'à M. You, qui à cette époque était le chef de Cabinet du Ministre des Colonies. Pendant la période d'angoisse traversée par la France, M. You n'a cessé de se prodiguer en se tenant à toute heure à la disposition des personnes qui venaient chercher des renseignements sur les détails du désastre. Sa conduite a été au-dessus de tout éloge.

Le cataclysme de la Martinique surpasse en horreur tout ce que l'esprit pourrait imaginer de plus effroyable ; tant de ruines, tant

de vies broyées en quelques instants laissent
à l'homme stupéfié une idée si grande, si
énorme de sa petitesse devant les forces
naturelles, elles-mêmes faibles résultantes
d'énergies bien autrement formidables qu'elles produisent comme une sorte d'hébéte -
ment, une sensation de vide lassé dans le
cerveau incapable de concevoir tant de puissance.

**Les 1.097.717 victimes des érup -
tions volcaniques et tremblements
de terre.**

	Victimes
En l'an 79. Pompéi et Hercula- num	50.000
1277 et 1287. La mer qui enva- hit Dollart fait.	100.000
1317. Grammont (Belgique). . .	250
1667 Schemacha au Caucase. .	80.000
1692. Port-Royal (Jamaïque) . .	3.000
1693. Sicile, 54 villes et 300 vil- lages Catania enseveli	100.000

	Victimes
1703. Yédo, au Japon, destruction complète	210.000
1731. Hsinen-Hoa, au nord de Pékin	120.000
1746. Lima et Callao, au Pérou	18.000
1751. Port-au-Prince de Haïti	3 000
1755. Anito, en Equateur	5.000
1755. Lisbonne	50.000
1755. Le Maroc et l'Algérie	10.000
1766. Mont-Pelé	480
1766. Fort de France	500
1767. La Martinique	600
1780. La Martinique	1.000
1788. Sainte-Lucie	900
1797. Les Andes péruviennes et colombiennes	40.000
1812. Caracas	12.000
1815. Ile de Java	20.000
1815. Archipel de la Sonde	40.000
1825. Basse-Terre	760
1839. Port-Royal et Martinique	700

	Victimes
1842. Cap-Haïtien	4.000
1843. Pointe-à-Pitre	5.000
1859. Anito, en Equateur	5.000
1868. Arequipa, Iquique, Tacua, etc., au Pérou	20.000
1877. La Cotopaxi	300
1883. Krakatoa (île de Java)	40.000
1887. Tremblement de terre de Nice.	650
1888. Au Japon.	500
1891. La Martinique	560
1895. Kamaïchi (Japon), volcan et raz-de-marée.	51.000
1902. Schemacha (Caucase)	4.000
1902. Guatemala, le volcan El Fosaco	20.000
1902. Saint-Pierre et St-Vincent	40.000
1902. Modica	750
1902. Duca (Bengale).	650
1902. Kaschgar	667

23 décembre 1902, tremblement

            Victimes

de terre à Askhabad (Turkes-
tan) fait 4.000
et 16.000 maisons sont détruites.

      Total . . . 1.079.717

Dans la mythologie des Hellènes, les Titans et les Géants étaient les symboles des forces souterraines qui produisent les volcans et les tremblements de terre. Jupiter, armé de ses foudres, poursuit le géant Encelade et l'écrase sous le poids de la Sicile ; les rochers de l'Etna sont désormais amoncelés sur la tête du géant, dont la poitrine palpitante fait trembler le sol, dont l'haleine est un incendie et dont la plainte s'exhale en sourds rugissements. Depuis la victoire des dieux, les Géants et les Titans sont rélégués dans les profondeurs du globe. Dans leur obscur domaine ils s'agitent et font encore trembler la terre.

Dans la catastrophe de Guananato, au Mexique, en 1784, des grondements sourds et des détonations formidables avaient frappé de terreur les habitants qui n'hésitèrent pas à fuir et à abandonner des quantités d'argent en barre amassées dans cette ville. Au moment où la frayeur était à son comble, la municipalité prit des mesures draconiennes :

« Toute famille qui prendra la fuite sera punie d'une amende de mille piastres si elle est riche ; de deux mois de prison, si elle est pauvre. La milice a ordre de poursuivre les fuyards ».

De tous temps la Martinique a été fort éprouvée par les grandes manifestations naturelles. Son histoire n'est qu'une suite de malheurs.

Dès 1657, vingt-deux ans après la prise de possession de l'île par d'Esnambuc, on y signalait un formidable tremblement de terre. En 1724, ce fut une inondation qui ravagea la Martinique, couvrant les campagnes de dix pieds d'eau. En 1747, nouveau tremblement de terre, des plus meurtriers. L'année 1753, en trois mois, n'en compte pas moins de trente-trois, plus légers il est vrai. En 1756, le 1er novembre, on ressent le contre coup du fameux tremblement de terre de Lisbonne, quatre heures après l'événement ; à la Trinité, la mer, à trois reprises, s'élève à deux pieds au-dessus du niveau normal et se jette à l'assaut du rivage. Le 12 septembre, un cyclone fait naufrager 25 bateaux et goëlettes, renverse des maisons, écrase des personnes. Le 26 du même mois, nouveau tremblement de terre. La nuit du 13 au 14 août 1766 fut une des plus terribles dont la colonie ait gardé le souvenir. Au milieu de l'obscurité la plus complète, un cataclysme épouvantable se déchaîna : éruption de la montagne Pelée, tremblement de terre, cyclone, raz-de-marée, tous les éléments se liguèrent contre la ville qui s'écroula presque entièrement ; il y eut 440 morts et 580 blessés, à terre ; en mer, 80 navires furent perdus, corps et biens.

Tremblements de terre simples, en 1776,

1779 et 1780, un cyclone final supprime 150 habitations et un millier d'habitants. Tremblements de terre encore en 1788, 1813, 1817 et 1823.

Nos deux charmantes colonies de la Guadeloupe et de la Martinique ne sont que trop exposées à semblables catastrophes. En 1825, un tremblement de terre et un cyclone renversèrent les maisons de la Basse-Terre. Un grand nombre de personnes périrent et le commerce fut entièrement ruiné. Par un hasard miraculeux, la Pointe-à-Pitre fut épargnée. mais en 1843 ce fut son tour. Une violente secousse détruisit la ville entièrement, ainsi qu'un quartier de Basse-Terre et plusieurs bourgs. Il y eut 5.000 morts. En 1852, nouveau cyclone qui dévasta encore la Pointe-à-Pitre. En 1839, Fort-de-France est détruit, quarante villages balayés par la tornade ; 30 navires naufragés ; 500 victimes.

Depuis les âges géologiques les plus. lointains, la chaîne des Antilles subit un éternel effort de tension qui se révèle de temps à autre par des secousses qui ébranlent le chapelet des îles. Il y a peu de régions qui soient plus sujettes à de tels ébranlements que les terres qui entourent la mer des Caraïbes ; la Martinique en particulier a été secouée plusieurs milliers de fois seulement depuis sa colonisation, plus de deux cents fois au cours de l'année 1843 et pendant 1853 trente fois en l'espace de trois mois.

Les éruptions constantes montrent qu'un trou se creuse graduellement dans le sein de la terre ; quand ce trou aura atteint une certaine dimension, l'affaissement se produira. Les petites Antilles sont situées dans une région où la croûte terrestre est extrêmement faible, comme cela fut démontré il y a des siècles, lors de l'affaissement des Andes et de la formation du bassin Caraïbe et du golfe Mexicain.

On se rappellera que, du 17 avril au 8 mai 1902, les catastrophes ont été nombreuses dans le monde. Entre le 17 et le 18 avril,

des éruptions se sont produites à Shema-
kha (Caucase) et à Margilan (Asie-Russe).
Le 20 avril, des tremblements de terre ont
eu lieu à Budapest et à Laibach ; du 20 au 23,
des secousses violentes ont désolé le Guaté-
mala. Le 26, autres secousses à Kinn (Dal-
matie) ; le 2 mai, secousses violentes à Sche-
makha ; le 6, secousses dans le Midi de
la France et à Murcie (Espagne), où la cathédrale fut endommagée.

Les habitants d'Herculanum purent s'enfuir. A la Martinique, Saint-Pierre n'a pas vu
l'existence de ses habitants s'arrêter sous
l'étouffement des cendres ; c'est le feu qui
leur a soudainement apporté le plus cruel
des supplices. Etres humains, hommes, femmes, enfants noirs et blancs, maisons parti-
culières et édifices publics d'une cité commerçante, tout a péri ! On est frappé de
stupeur en songeant que les cendres vomies
par le volcan Pelé ont suffi pour ensevelir
dans l'espace de quelques secondes 30.000
êtres humains !

La Martinique est une des îles des Petites-Antilles, ceinture volcanique qui, avec Saint-Christophe, La Guadeloupe, Dominique, Sainte-Lucie, Saint-Vincent, Grenade, Barbade et d'autres encore, encercle, à l'occident, la mer des Antilles et forme, de Porto-Rico au Venezuela, une barrière entre l'Amérique centrale et l'Atlantique.

Qu'est-ce qu'un volcan ?

Un volcan est la sorte d'appareil naturel par lequel la surface de la croûte terrestre est mise, d'une façon permanente ou temporaire, en communication avec les matières fondues de l'intérieur du globe. L'existence du volcan est caractérisée par une succession d'éruptions et de repos dont l'espacement et la durée sont variables. L'éruption du volcan de la Montagne Pelée, à la Martinique, n'est donc pas extraordinaire. Sur la surface du globe, les grandes zones déprimées sont surtout les zones volcaniques et l'activité éruptive atteint son maximum aux

points de rencontre des lignes de dépression. Les volcans du Mexique et des Antilles
sont situés précisément à l'intersection de la
chaîne américaine et de la chaîne méditerra-
néenne. La cause essentielle de l'éruption
volcanique est l'ascension, par des fissures
de l'écorce terrestre, des matières fondues et
liquides que recouvre cette écorce.

Les quatre volcans d'Europe sont : L'Hécla
dans l'île d'Islande, le Vésuve en Italie,
l'Etna, que les Sarrasins appelaient la Montagne de feu, qu'on nomme encore Monte
Gibello, et qui est plein de merveilles éton-
nantes. Ce volcan, situé au Nord de la Sicile,
est haut de **3.320** mètres. Des flots azurés de
la Méditerranée surgit l'île de Stromboli, l'ancienne Strongle. Elle compte environ deux
mille habitants groupés, pour la plupart,
dans la ville d'Inostra. Elle est formée,
comme son nom l'indique, par une montagne arrondie en cône, dont la base a **14** kilomètres de tour. Cette montagne, qui forme
et l'île et le volcan, est haute à peine de

800 mètres ; mais sa structure puissante et superbe indique qu'elle plonge ses racines à des profondeurs énormes.

De tous les volcans qui brûlent à la surface de la terre, aucun n'est mieux connu en Europe, aucun n'est plus populaire que le Vésuve. Terrible dans sa colère, fécond et magnifique dans son calme, il est tour à tour le bienfaiteur et le fléau des populations qui vivent doucement à l'ombre de sa puissance. Haut de 1.500 mètres, il s'élève solitaire et paré de verdure sur la plaine qu'il domine. A son pied, les rivages voisins de Naples étaient couverts de thermes, de temples, d'admirables édifices ; des villes somptueuses et charmantes se pressaient sur la rive. C'étaient Misène, Baïa, Pompéi, Stabia, Herculanum, Sorrente. A cette époque tout était tranquille autour du volcan, lorsque soudain il se ralluma en l'an 79 de notre ère. Pline le Jeune fut témoin de cette subite et terrible éruption qui causa la mort de son oncle, le célébre naturaliste.

L'éruption du Vésuve, survenue en 1794, enveloppa d'épais nuages de cendres la Calabre entière. Le Sangay, dans une de ses crises, recouvrit la contrée environnante d'une couche de cendres de cent cinquante mètres d'épaisseur ; et l'on évalue à plus de 300 millions de kilogrammes le poids des cendres vomies en un seul jour par le volcan de Bourbon. Le nuage de cendre sorti du volcan de Timboro, de l'île de Sambava, s'étendit sur un espace plus grand que l'Europe centrale; et la masse accumulée de cette cendre représentait, dit-on, trois fois le volume du mont Blanc, c'est-à-dire un volume de 3 fois 500 milliards de mètres cubes. En 1282, la terrible rupture des digues du Zuyderzée engloutit tout une province. En 1277 et 1287, l'horrible envahissement de la mer, qui forma un peu plus tard, dans la Frise orientale, le golfe de Dollart, engloutissant 33 villes ou villages et faisant périr plus de cent mille habitants. En Afrique, il y a des volcans aux Canaries et dans l'île Bourbon. En Asie, ceux du Kamtchatka sont célèbres et il en est de même, en Amérique, de ceux du Mexique et de la chaîne des Andes. Dans les îles Sandwich, on trouve un volcan dont le cône a plus de 5.000 mètres d'élévation. Les volcans terrestres ont pour frères les volcans *sous-marins*, dont le nombre est probablement plus considérable et dont les procédés d'éruptions nous sont à peu près inconnus.

En Italie, en Sicile et aux Iles Lipari, la température au dessous du sol est très élevée, la température moyenne de Paris est de 10 degrés. A 33 mètres au-dessous du sol, elle est de 11 degrés, à 66 mètres de 12 degrés, à 100 mètres de 13 degrés. Le puits artésien de Grenelle descend à 547 mètres et la température de ses eaux jaillissantes est de 27 degrés 7. La constitution des terrains joue un grand rôle dans cette proportion, mais l'accroissement se constate partout. A une certaine profondeur, on arrive à 100 degrés, à une autre à 200 degrés, à 300 degrés, etc. La chaleur des laves au fond des cratères a été estimée à plus de 1.500 degrés, car elle fond les métaux. L'eau bout à 100° sous la pression barométrique ordinaire, à 180° sous une pression de 10 atmosphères, à 225 sous 25 atmosphères, se transformant en vapeur. La tension de la vapeur augmente beaucoup plus vite que la température et l'on peut admettre qu'elle atteint 1.200 atmosphères vers 600 degrés, 5.000 vers 1.000 degrés et probablement 10.000 vers 1.300 degrés. D'autre part la vapeur d'eau forme la majeure partie des fumées volcaniques. C'est ce qui est également démontré depuis longtemps. M. Fouqué a estimé à plus de deux millions de mètres cubes la quantité d'eau qui est sortie de l'Etna sous forme gazeuse pendant l'éruption de 1865. Les 323 volcans actifs qui existent actuellement à la surface de la terre sont tous distribués dans le voisinage de la mer.

En Asie, se trouve le Cotopaxi. Il se dresse superbe et splendide au sud de la ville de Quito, la capitale de l'Equateur. Sa hau-

teur est de 5.749 mètres. Ses explosions sont
épouvantables. En 1742 on entendit les mugissements du géant enflammé jusque dans
la ville de Guayaquil, c'est-à-dire à une
distance de 500 kilomètres, et les quartiers
de rochers qu'il lança étaient plus gros que
les chaumières des Indiens.

La cendre des volcans est parfois trans-
portée à des distances considérables. Celle
qui sortit du volcan de Krakatoa en 1883,
s'est propagée des îles de la Sonde jusqu'en Europe. Cette éruption du Krakatoa
fit périr plus de 40.000 êtres humains, et
leur mort survint en quelques minutes. Après
tout, mourir ainsi, disparaître en un instant avec tout ce que l'on aime, est-ce plus
dur que de survivre les uns aux autres, et
se survivre lentement dans la mort après de
longues tristesses ?

L'éruption du volcan de Skaptaar-Jökul
en Islande, qui eût lieu dans la nuit du
8 juin 1783 fut des plus effroyables. De tout
temps les volcans ont été un sujet de curio-

sité palpitante et de terreur. Le sombre moyen âge attribuait les phénomènes volcaniques à l'action de Satan, et les anciens Grecs aux efforts désespérés que faisaient les Géants et les Titans pour s'élancer des profondeurs de la terre, où les avaient relégués les dieux Olympiens, leurs vainqueurs.

On connaît, à l'heure actuelle, environ mille volcans dont trois cent vingt-cinq sont encore en activité. Le repos de ceux qui ne sont pas en activité est, d'ailleurs, toujours suspect. Car, d'après tous les documents, le Vésuve était considéré par les anciens comme une montagne inoffensive jusqu'au jour de la grande éruption de l'an 79. Ensuite, il resta endormi pendant trois siècles, de 1306 à 1631 : ce fut un de ses grands repos.

En Espagne, les volcans, vers 1819, prirent une grande activité dans la province de Murcie. Les Açores, volcaniquement tourmentées, semblent être sorties de la mer, ainsi que les Canaries et les îles du Cap-Vert, grâce à leurs volcans. L'île Bourbon,

les îles de la Sonde, les Philippines, les îles
du Japon, les îles Sandwich sont de vérita-
bles hauts fourneaux intraterrestres ; la Terre
de feu doit son nom à ses convulsions.
Les bords du Rhin, dans les provinces d'Eiffel
et de Neuwied. la Saxe, la Bohême sont volcaniques, ainsi que la Hongrie, la Transyl-
vanie, le Caucase, la Grèce et ses îles. L'Asie
a des volcans en constante activité. A une
époque toute récente dans l'histoire de la
terre, est apparue toute une série de bou-
ches volcaniques : Saint-Christophe, Mont-
serrat, La Guadeloupe, la Dominique, La
Martinique, Sainte-Lucie, la Barbade, Saint-
Vincent, la Grenade, autant d'îles, autant de
volcans ; toutes ces terres contiennent même
plusieurs cratères ; à la Martinique on en
compterait six.

La catastrophe de la Martinique a remis en
mémoire celle de l'île Krakatoa, dans les îles
de la Sonde ; qui se produisit du 11 au 25
août 1883.

On a dit le nombre des morts causées par

ce cataclysme : quarante mille ! On est certainement resté au-dessous de la vérité, car
on ne fait pas de statistique bien précise à
Java et l'on n'a pu constater toute l'étendue
du désastre. Des villes, la veille animées,
vivantes, pleines de mouvement et de bruit,
avaient disparu. L'eau s'était avancée dans
les terres, ne laissant émerger que les sommets des hauts monts comme autant de petites îles. Où s'arrêtait la ligne des eaux, la cendre commençait. Toute l'île en fut couverte,
la culture anéantie, les fontaines taries, les
cours d'eau comblés, et les malheureux habitants, au milieu de ce désert inexorable, mou-
rurent de faim et de soif par milliers. Des
milliers de cadavres sont restés sans sépul-
ture et le plus grand nombre des morts a été
emporté par les flots, en pleine mer.

L'explosion avait secoué la terre entière,
l'ébranlement atmosphérique produit par
cette poussée verticale a fait osciller les baro-
mètres du monde, y compris ceux de l'Observatoire de Paris. On a évalué à **33** kilomètres

cubes, la masse de cendres lancée par le volcau qui n'a que 150 mètres de hauteur. Le 3 septembre suivant, le navire hollandais Batavia rencontra d'innombrables cadavres dont les membres étaient mutilés et cassés, un vaisseau allemand a vu sa marche devenir difficile à cause d'un entassement considérable de corps humains. A Sérang, en ouvrant le corps d'un kakap, poisson de la mer des Indes, des doigts humains pourvus d'ongles ont été trouvés dans son estomac.

C'est le plus grand cataclysme géologique qui ait jamais été observé depuis les origines de l'histoire, l'obscurité totale et la pluie de cendres durèrent dix-huit heures ; que lorsque la lumière reparut, on ne retrouva plus même la place des villes de Telok-Bétong, de Batnam, d'Aujer et de Tjéringin ; qu'un raz de marée amena sur le rivage des lames d'eau de 35 mètres de hauteur, lesquelles en se retirant emportèrent tout, maisons et habitants ; lorsque les navires essayèrent de sonder les nouvelles rives de l'Océan, ils rencontrèrent un peu partout des groupes de cadavres entrelacés, et que plus tard, en ouvrant les grands poissons, on trouva pendant longtemps des morceaux de têtes avec des chevelures, des ossements et des ongles.

Lors du tremblement de terre de Lisbonne, arrivé le jour de la Toussaint de l'an 1755, qui écrasa toute la population priant dans les églises, la mer s'éleva à plus de quinze mètres au-dessus du niveau moyen, redescendit de la même quantité au-dessous de ce même niveau, remonta encore et oscilla ainsi quatre fois de suite en balayant tout sur les rivages et l'ébranlement du sol se fit sentir jusqu'en Suède et jusqu'aux Antilles, sur une surface égale à quatre fois l'étendue de l'Europe entière.

Quelquefois, des oscillations prémonitoires mettent assez les habitants sur leur garde pour leur permettre d'éviter la catastrophe et de conserver au moins la vie sauve. Ainsi, le 10 décembre 1869, les habitants de la ville d'Onlah, en Asie-Mineure, effrayés par des bruits souterrains et par une première secousse très violente, se sauvèrent sur une montagne voisine et virent de leurs yeux terrifiés la ville entière disparaître dans d'immenses crevasses qui s'ouvrirent.

En France, l'Auvergne, le Velay, le Vivarais, les Cévennes, le Languedoc, la Provence présentent de nombreux cratères éteints avec leurs coulées de lave caractéristiques.

Dans la région du Cantal et du Puy-de-Dôme, on compte des cratères éteints. La *chaîne des Puys*, dans le Puy-de-Dôme, est entièrement formée d'anciens volcans. Un des plus célèbres dans le pays est celui qu'on nomme le *Nid-de-la-Poule*, aux environs de Clermont-Ferrand. Ce cratère, en effet, ressemble à s'y méprendre à un gigantesque nid de poule. C'est à Montferrand qu'on rencontre le seul volcan *en activité* qui existe en France, on l'appelle le *Puy-de-la-Poix*, à cause de la matière noire et bitumineuse qu'il lance fréquemment.

C'est la pluie de cendres qui a anéanti la

végétation qui recouvrait les pentes des volcans du Mont-Dore et du Cantal, dans une phase de repos, à La Bourboule, à Vic-sur-Cère, à Niac, à Saint-Vincent-du-Falgoux. Toute cette région de la France centrale, comme la France elle-même, comme le nord de l'Europe, depuis la Scanie jusqu'aux rivages ensoleillés de la Provence, est comprise depuis la fin de l'époque quaternaire dans une zone d'affaissement, et c'est pour cette raison que, depuis le début de la période actuelle, nos volcans sont éteints.

L'Islande, la terre de Jean-Mazen, le sud de l'Italie, les îles Éoliennes et la Sicile, comme les Antilles de nos jours, sont, au contraire, comprises dans des aires de soulèvement. Et c'est pour cela que l'activité volcanique y règne. Cette constatation si intéressante est confirmée, du reste, par la relation concordante qui existe entre les phases de soulèvement du Plateau Central, dans le cours de son histoire, et ses trois périodes d'activité éruptive: celle des gra-

nites, qui coïncide avec le soulèvement calé-
donien ; celle des porphyres, contemporaine
du soulèvement hercynien, et celle des tra-
chytes et des basaltes de l'époque tertiaire,
qui a édifié les puys domitiques, le Mont-
Dore, le Cantal, le Mégal et le Mézenc, le
Cézalier et les Coirons, l'Aubrac, les volcans
de l'Ardèche, du Velay, les brèches de Cor-
neille et de Polignac, et dont les volcans à
cratère du Puy-de-Dôme ont été le dernier
soupir qui coïncide avec le soulèvement
pyrénéo-alpin.

Aux époques où les volcans d'Auvergne ont
fait éruption, la Limagne était couverte d'une
véritable mer intérieure ; ce lac immense,
s'infiltrant sous l'écorce épaisse seulement
de 15 kilomètres en ce point, a vraisem-
blablement provoqué les éruptions volcaniques dont nous constatons les résultats si
intéressants dans notre merveilleux pays et
dont la mémoire des hommes a perdu le
souvenir depuis tant de siècles. Aujourd'hui,
la Limagne est vide d'eau ; c'est une plaine

immense et fertile ; plus de mer, dont les nappes liquides seraient encore capables de s'infiltrer, de se vaporiser au contact des matières chaudes du centre et de provoquer ainsi les soulèvements des soupapes, des couvercles du vaste chaudron.

Les premiers hommes ont dû voir les dernières manifestations éruptives, époque à laquelle notre pays était peuplé encore par des cerfs, des éléphants dont on trouve des restes sous les coulées. On a évalué à environ cent mille ans la période de temps qui nous sépare de cette époque.

Un cratère éteint existe à Essey-la-Côte près de Lunéville.

Il y a dans la chaîne des Cévennes, au centre des montagnes du Morvan et entre les villes du Creusot et de Couches-les-Mines, un ancien volcan qui est situé sur le territoire de la commune de Saint-Pierre-de-Varennes, hameau de Drevin.

Les phénomènes lumineux.

Le 9 juin 1902, à 20 milles de l'île de Porquerolles (Hyères), le ciel, parsemé de quelques nuages chassés par des courants aériens, laissait entrevoir quelques étoiles d'un brillant terne. L'horizon était assez dégagé pour apercevoir l'ombre des montagnes.

Tout à coup apparut un embrasement de feu d'une étendue de deux à trois cents mètres de long et d'une élévation équivalente à celle des montagnes dans la direction du Nord. Quelques éclats de flammes venaient, de temps à autre, activer cette clarté. Cette incandescence active a duré deux heures et a disparu avec la même promptitude qu'elle était apparue. Il était alors une heure trente du matin.

Le 8 juin 1886, à dix heures du soir, une langue de feu pointue, rougeâtre, longue d'au moins 50 centimètres, resta longtemps visible au sommet de la croix qui surmonte l'Eglise Sainte-Marie, à Gratz (Autriche).

En 1696, le vaisseau de Forbin fut assailli par une violente tempête, en vue des Baléares ; plus de trente feux Saint-Elme apparurent dans le gréement ; celui de la girouette du grand mât avait un pied et demi de hauteur ; un matelot ayant enlevé la girouette, le feu la quitta et alla se poser au sommet du mât.

A la Challe-Laurent, les feux Saint-Elme ont été très nombreux dans la nuit du 8 mai dernier, au sommet des édifices, à la pointe des fouets ou des parapluies ; ces manifestations électriques avaient peut-être une certaine corrélation avec les accidents volcaniques des Antilles ; il est, dans tous les cas, évident qu'il existe une grande ligne de fractures transcontinentales formée par la Méditerranée, la dépression Arabe-Caspienne, le désert de Gobi, la mer des Indes. celle des Antilles, et que lorsqu'un point de cette ligne est affecté, tous les points qui se trouvent sur elle ou loin d'elle le sont aussi.

Le 27 mai 1902, on a observé dans les environs de Hambourg et d'Altona une sorte de pluie de sang. La couleur rouge des gouttes est due à des milliers de petits insectes qui ont été emportés avec la poussière volcanique de la Martinique.

Les conséquences des éruptions réitérées du Mont Pelé.

L'Etna, le Vésuve, le Stromboli se sont mis à gronder, vomissant le feu et la lave et les cratères se sont rouverts, les volcans ont été mis en activité par la grande quantité d'eau qui s'est brusquement infiltrée à travers les crevasses de la croûte terrestre jusqu'au foyer central. Les vapeurs produites, dans leur dégagement, ont donné lieu aux détonations et à l'entraînement des matières en fusion. Pourquoi ces brusques infiltrations ? Parce que, à la suite de leur amoncellement anormal, les glaces du Pôle Nord ont, par leur froid, déplacé l'axe de la terre, et comme l'eau cherche toujours son niveau, elle s'est précipitée dans toutes les crevasses se trouvant accidentellement au-dessous de ce niveau.

Quelle colère souterraine a pu soulever ce

grand cercle d'îles formées de porphyres et
de laves ? Le tremblement de terre s'est
généralisé ; les volcans sont en activité à
Sainte Lucie, à la Barbade, le Massaya au
Nicaragua, le Pico de Colima au Mexique, le
volcan sous-marin des Iles anguinaires, celui
de l'île Tari Ghima au Japon, le volcan de la
Dominique, le Mont-Tabor en Hongrie, le
cratère Moknaweoweo des îles Hawaï, le volcan Mauna-Loa, le volcan Tocano au Guatemala, celui qui vient de se déclarer près
d'Irkoutsk (Sibérie), le volcan Savaï dans les
îles Samoa, le Miseny près de la Guadeloupe,
le mont Trabocchetto près San Remo (Italie),
le volcan des Andres et de Morno-Tombo
dans l'Amérique du Sud, le volcan Izalco à
San-Salvador, la catastrophe de Modica a été
causée par une éruption sous-marine qui
s'est produite entre les îles Stromboli et la
Sicile, il y a eu 750 morts. Une nouvelle
éruption du volcan Santa-Maria, dans le
Guatemala, a fait de nombreuses victimes. Les villes de Palmar, San Felipe,

Colombia et Coatepec ont été ensevelies.

Le 13 novembre, le volcan Kilnaea a produit la plus forte de ses éruptions et, coïncidence bizarre, le même jour, le Stromboli lançait des cendres et faisait entendre de formidables détonations, le 17, nouvelle éruption du Stromboli.

Depuis l'éruption du 8 mai, ce n'est de toutes parts qu'éruption de volcans, secousses de tremblement de terre, pluies de cendres brûlantes. A la Dominique, située immédiatement au nord de la Martinique, un lac de montagne a disparu. A la place s'étend une crevasse d'où s'échappent des cendres et des vapeurs. Les manifestations volcaniques qui étaient jusqu'ici confinées aux petites Antilles, commencent maintenant à gagner les autres îles. A la Jamaïque, de sourds grondements souterrains se font entendre et affolent la population.

Les tremblements de terre.

Le tremblement de terre le plus célèbre

qui se soit produit en Europe à une époque récente est celui de Lisbonne (1er novembre 1755). *Six secondes* suffirent pour anéantir les monuments et près de quarante mille personnes. Tous les éléments semblaient conjurés. Le flot monta subitement de 40 pieds plus haut qu'on ne l'avait jamais observé et entraîna dans l'abîme des milliers de malheureux qui s'étaient avancés sur les quais en fuyant leurs maisons ébranlées. Le tremblement de terre se fit sentir sur une étendue évaluée à quatre fois la surface de l'Europe. Le port de Setubal, à quelque distance de Lisbonne, fut submergé par une vague énorme. A Cadix, de hautes murailles, voisines du rivage, furent emportées par la mer qui s'éleva à plus de 20 mètres au-dessus de son niveau ordinaire. Dans le Maroc, plusieurs villes furent dévastées, et à Alger et à Fez, on compta plus de 10 000 victimes humaines. Sur le bord occidental de l'Atlantique dans les petites Antilles, où la marée ne dépasse pas 0 m. 75, les eaux devinrent tout à coup entièrement noires et montèrent à plus de 7 mètres.

Un manuscrit du quatrième siècle cite un premier tremblement de terre à Tournai (Belgique) en l'an 330. En 1896, on y ressentit plusieurs secousses horizontales, qui se prolongèrent jusqu'aux environs d'Ath.

Les annales historiques de Tournai mentionnent des tremblements de terre en 502, en 603, en 854. En 1109, plusieurs bâtiments furent renversés et des habitants périrent ensevelis sous les décombres. On y ressentit les dernières ondulations du cataclysme qui détruisit Lisbonne en 1755. Cette formidable convulsion, qui se produisit le jour de la Toussaint, se répercuta le même jour, à un intervalle de quelques heures, le long du littoral de l'Océan jusqu'en Islande. Elle fut nettement perçue dans la plupart de nos provinces, et, fait significatif, elle coïncida avec une évaluation spontanée de la température des sources de Chaudfontaine.

Bruxelles perçut des tremblements de terre

notamment en 1504, en 1549, en 1640, en 1692, en 1800, en 1828. Pour celui de 1640, Van Helmont nota trois secousses consécutives. En 1692, le phénomène fut assez fort pour déplacer les meubles dans les maisons. Les journaux de 1828 abondent en détails sur les mouvements oscillatoires qui se firent le 23 février, dans la matinée, dans toute la Belgique et dont Quetelet sut déterminer l'aire avec minutie, à l'aide des renseignements qu'il put recueillir partout. A Wavre, les cloches se mirent à sonner d'elles-mêmes. A Huy, le pont sur la Meuse fit entendre des craquements qui firent craindre son écroulement. A Tongres, les habitants effarés virent le clocher de leur vieille église collégiale décrire dans le ciel des courbes affolées, à Malines, la ville fut fortement endommagée par un tremblement de terre en 1181. Une inscription au local des Chiffoniers parle d'un second accident de ce genre survenu en 1621. On signale un tremblement de terre à Louvain en 1554. Liège et Namur furent secoués à plu-

sieurs reprises par des mouvements souterrains dont les vibrations paraissaient irradier
du bassin du Rhin, remarquable par la fré-
quence de ce genre de manifestations. A
Grammont, Renaix, Ninove, un cataclysme
d'une extrême violence, survenu en 1317, le
14 août, renversa un grand nombre de maisons et causa la mort de 250 personnes.

En 1843, Pointe-à-Pitre est détruit. Le 23
février 1887, tremblement de terre de Nice
et de Menton à 5 heures 42 du matin, qui
causa 650 morts sur la côte italienne,
celui-ci se fit sentir sur une aire de 600 kilomètres de diamètre s'étendant, sur la carte
qui en fut tracée, jusqu'au delà de l'île d'Elbe,
de Florence, de Vérone, de Bâle, de Besan-
çon, de Clermont-Ferrand, de Mende et de
Montpellier.

Le 8 avril 1902, une première secousse se
produisit au Guatemala, les villes de Quezal-
tenango, San-Marcos, Soloda, Mazatenango,
santa Lucia, et San-Felipe furent complètement détruites. Le 7 juin l'éruption du vol-

can El Fosaco fit encore mille victimes, soit au total 20.000, surtout des Indiens, des milliers ont péri asphyxiés ou réduits en cendres. Des bandes de malfaiteurs parcouraient la région atteinte par les éruptions, volant et égorgeant les réfugiés, pillant les plantations.

Le 9 mai, tremblement de terre en Espagne à Murcie, Alicante et Elche, le 11 à la Basse-Terre, le 15 à St-Thomas, le 18 dans l'île d'Islande, et au Portugal, le 27 à Pérouse Italie, le 20 au cap Wolfe (Ile du Prince-Edouard) le sol est recouvert d'une couche de soufre épaisse d'un centimètre et demi, tombée pendant la nuit. On ne peut expliquer ce phénomène que par le voisinage des volcans de l'Alaska et de l'Etat de Washington, le 21 à St Augustin dans la Floride, à Campano (Venezuela) à Marie-Galante, en Italie à Monte-Nuovo, en Espagne à St-Sébastien, Saragosse, Nendaye et Medilla, à Bermuya situé dans le golfe du Mexique, en France à Aramits, Lurbe, Asasp, Arette et juin Oloron. Le 1er à Pedrosa (Portugal) et sur divers points de la Grêce, le 7 dans le sud de l'Australie, le 15 à Syracuse (Italie), le 21 aux monts Himalayas et dans le Tyrol, le 11 dans l'île de Corfou à Laybach. Kischo dans les Indes anglaises a été anéanti. Le 5 juillet à Salonique, le 9 à Melilla, le 12 à Guvezno près de Salonique où 132 maisons furent détruites, le 31 à Santa Barbara, Lompoe, Alamos et Santa-Maria (Californie), à Blidah (Algérie) à Teplitz (Bohême), à Kulm (Styrie).

Les 11, 17 et 22 juillet, des secousses sont ressenties à St-Vincent (Antilles anglaises) le 12 à St-Thomas et à la Barbade. Le 5 août à Leira (Portugal) à Gênes, Pise et Carracra (Italie) Le 2 septembre Molidie (Algérie) à Curapano (Venezuela), le 8 à St-Sébastien, Saragosse et Lafalla (Espagne), le 13 aux Iles Lipari, le 17 à Oran, à Raguse et à Madrid, le 9 dans les régions de l'Assan et du Chitta-gong (Indes Anglaises) à Bender-Abbas situé à l'entrée du golfe Persique, le 22 à Guam

(Iles Philippines), le 18 à San-Francisco. le 12 à Milan, le 26 à Kaschgar. Un grand nombre de maisons se sont écroulées et le résident britannique a failli périr. Le bourg d'Artush, dans le voisinage de Kaschgar, a été détruit. 667 personnes ont succombé dans le district et plus d'un millier ont été blessées.

Le 2 octobre tremblement de terre à Tofasula (Mexique), le 6 aux îles Philippines, le 19 dans le Tenessée et dans la Georgie (Etats-Unis), le 23 à Rome, à Velletri, à Citta-Ducalé et à Terni (Italie), le 29 violents tremblements de terre à Santa-Maria (Guatemala), le 8 novembre à Amoreira (Portugal).

Au milieu de la nuit une première secousse se produit, assez violente pour éveiller les habitants en sursaut Presque aussitôt une nouvelle secousse succéda, bien plus violente que la précédente. Les maisons se mirent à vaciller sur leurs bases et des murs entiers s'écroulèrent. En même temps des rumeurs souterraines, d'une sonorité lugubre, se fai-

saient entendre. Les secousses se répétèrent,
achevant l'œuvre de destruction. Les maisons endommagées s'écroulèrent sur les habitants qui n'avaient pas eu le temps de s'enfuir ; des cris épouvantables s'élevèrent des
décombres qui prirent feu. Les paysans des
environs, pris d'épouvante, hésitaient à s'ap-
procher. Ils ont affirmé depuis que des jets
de flammes s'élançaient de la terre.

Le 12, violentes secousses à Eisk près la
mer d'Azof, le premier choc se produisit, et
avec une telle force, que de nombreuses
maisons furent aussitôt jetées à terre. Le
moment qu'eurent à passer les malheureux
habitants d'Eisk fut terrible : au fracas des
murs de pierres qui s'écroulaient, se mêlaient
de violentes détonations souterraines, comme
si le sol allait s'entrouvrir.

Dans les maisons qui résistèrent, les habitants éprouvèrent une sensation toute particulière, comme s'ils étaient à bord d'un
navire bercé par un roulis peu violent. Mais
de larges crevasses s'étaient produites ins-

tantanément dans les murs, mettant en fuite les familles. La panique fut considérable. La plupart des habitants s'étaient enfuis en chemise, et c'est dans cet attirail sommaire qu'ils campèrent aux environs de la ville, chantant des cantiques et priant.

Beaucoup d'habitants ont péri.

Le 26 Modica est détruit ; on y compte 80 morts. A Scieli, douze. A Cassaro, tout est détruit : à Palaazzuolo, à Acreide, à Ferla, à Geratana, les dégâts furent très importants. Le 7 septembre, Bolivar, dans la République Argentine, est détruit par un cyclone. La ville qui a aussi dramatiquement disparu, avait été construite il y a vingt-cinq ans ; c'est un décret en date du 26 octobre 1877 qui attribuait à un département de la province de Buenos-Ayres le nom du général Simon Bolivar. Le même décret annonçait la création de la ville de Bolivar. Les derniers recensements comptaient environ 15.000 habitants pour le département et 1.500 pour la ville de Bolivar. Cette cité, érigée sur l'emplace-

ment de l'ancienne forteresse de San Carlos,
était située à une distance de 300 kilomètres
de la capitale.

Le 13 à Soukharas (Algérie), le 22 à Guayaquil (Amérique), le 20 à Kingston (Jamaïque).

De nombreux édifices, déjà ébranlés par
les secousses précédentes, se sont écroulés.
Ces tremblements de terre ont été accompagnés par un orage épouvantable. Des éclair
sillonnaient le ciel sans discontinuer, l'eau
tombait à torrents. La population courait
dans les rues en criant que c'était la fin du
monde.

A Port-Castries (Ste-Lucie), des tremblements de terre, accompagnés de mugissements souterrains et d'émanations sulfureuses, ont secoué plusieurs districts de l'île.
Les cratères fument avec plus d'abondance.

Le 21 novembre nouvelles secousses rnssenties à Kingston (Amérique) et le 27 en
Bohême.

Le 6 décembre, un tremblement de terre

détruit la ville d'Andidjan et fait 510 victimes.

Le 19, tremblement de terre à Belle-Isle (France).

Le nombre des victimes à la date du 20 décembre se répartit de la façon suivante : Andidjan, 1.600 ; Haken, 700 ; Yarbactine, 600 ; Altinkoul, 650 ; Maygir, 200 ; Kokanchiklak, 800 et Anak, 300, ce qui donne un total de 4.850 victimes.

L'Empereur Nicolas II a donné 125.000 fr. pour les victimes de la Martinique.

M. Loubet, président de la République, a envoyé à l'empereur de Russie la somme de 10.000 fr. pour les sinistrés d'Andidjan.

Les éruptions du Mont-Pelé.

La montagne Pelée commença le **3** mai à paraître couronnée d'épais nuages de fumée pendant la journée et de flammes pendant la nuit. Ces phénomènes étaient accompagnés de grondements souterrains. Le ciel, la nuit, paraissait embrasé sur une étendue considérable. La population s'alarmait. Le 4 mai, le volcan était caché par une pluie de cendres chaudes. Tout le district de Saint-Pierre se trouvait recouvert d'un pouce de cendres. Le 5 mai, à midi, une coulée de laves brûlantes tombant d'une hauteur de 4.400 pieds le long du lit desséché d'un torrent, franchissait en trois minutes l'espace de cinq milles qui sépare la montagne du rivage, balayant sur son passage plantations, édifices, factoreries et tout être vivant sur une étendue d'un demi-mille. Une grande cheminée d'usine émergeant de la coulée de laves, c'était tout ce qu'on pouvait voir de l'importante sucrerie Guérin, engloutissant sous le flot les 150 personnes qui s'y trouvaient, et parmi elles le fils Guérin. La mer, cédant sous la poussée formidable de la coulée de laves, avait reculé de 300 pieds sur la côte ouest, puis, revenant en une immense vague avec une force irrésistible, elle s'abattit comme une trombe sur le rivage. Des détonations terribles se faisaient entendre à des intervalles irréguliers. Cela continua ainsi toute la nuit. Les lumières électriques de Saint-Vincent s'étaient éteintes ; l'obscurité était intense ; mais des gerbes de flammes de la montagne jetaient leurs sinistres clartés sur Saint-Pierre. Les habitants éperdus, affolés, poussant des cris et des gémissements, se précipitaient en chemise vers les collines, le 6, un torrent de boue brûlante remplit la vallée de la rivière Blanche qui débouche, ainsi que la rivière des Pins, à quelques kilomètres au Nord de Saint-Pierre. On pouvait donc supposer que le torrent de lave avait trouvé sa voie de sortie naturelle et gagnerait sans encombre la mer.

Le 8, à sept heures cinquante minutes du matin, une terrible coulée de lave incandescente, accompagnée d'une pluie de feu, convertit la ville en un immense brasier depuis le village du Carbet jusqu'au bourg du Pêcheur. L'explosion de fumée et de feu, tout arriva et disparut en trois minutes ; mais la ville brûla pendant trois heures. Les effets de cette poussée volcanique se firent sentir jusqu'à Fort-de-France où l'on reçut une pluie de cendres et de pierres de la grosseur d'une noisette, pesant de sept à dix grammes. Toute l'île fut couverte d'une épaisseur de cendres d'environ trois millimètres.

Que s'est-il produit soudainement? L'éruption volcanique a-t-elle été précédée d'un violent tremblement de terre? La ville, construite en bois, a-t-elle pris feu sous la pluie de projectiles enflammés que crachait le volcan? Une nuit épaisse enveloppe encore sous un rideau de fumées noires le mystère tragique de ces 30.000 morts fauchés en quelques minutes! La trombe de feu a frappé la rade où étaient amarrés les bateaux de commerce. Si le *Suchet* a échappé à la catastrophe, c'est qu'il était mouillé à un mille environ de la côte, à un endroit appelé le Plateau où restent tous les bâtiments de forts tonnages.

Les navires détruits sont : le trois-mâts

Ta-Maya, capitaine Mahaut, de Nantes, 16 hommes d'équipage ; la goëlette *Biscaye*, de Bayonne, capitaine Trevilly, 8 hommes d'équipage : le vapeur *Diamant*, de la Compagnie Girard ; le vapeur *Fusée*, appartenant à l'artillerie coloniale : le vapeur anglais *Roraïma* ; le vapeur-câble anglais *Grappler* et le trois-mâts italien *Ceresalavica*. Le *Grappler* sombra le premier; puis ce fut le tour du *Roraïma*. Au moment où ce dernier s'engloutissait au milieu d'une terrible explosion, son capitaine adressa au capitaine du *Roddam* un dernier geste d'adieu.

Deux mécaniciens du *Roraïma* qui avaient pu se jeter à la mer au moment où le navire incendié sombrait avec l'équipage, furent sauvés par le *Suchet*.

Seuls, trois bateaux, dont deux à vapeur, le *Korona* et le *North-America*, purent résister au choc : mais, de leur équipage carbonisé, il ne subsista que quelques hommes qui furent sauvés comme par miracle. M. Georges Marie-Sainte, qui se trouvait alors à bord de la *Gabrielle*, ne dut la vie qu'à une immersion subite et forcée. L'eau ambiante était à ce point chaude qu'il eut, de même que les quatre autres survivants de la goélette, le corps affreusement échaudé. Après s'être débarrassé des agrès qui gênaient ses mouvements sous l'eau, il revint à la surface. C'est alors qu'il put contempler, dans toute sa grandiose horreur, l'effrayant brasier qui s'étendait devant sa vue, de Sainte-Philomène jusqu'à trois cents mètres du Carbet, dévorant les ruines de la ville déjà effondrée, et se colorant par endroits des lueurs fantastiques des feux de Bengale.

La soudaineté du cataclysme n'a pas permis aux habitants de pouvoir s'enfuir. Comment pouvoir décrire l'horreur du fléau, les scènes déchirantes qui ont dû se passer parmi ces malheureux affolés, terrifiés à la vue de cette pluie de feu et de lave brûlante. L'horreur et les ténèbres faisaient ressembler ce spectacle de désolation à quelque vision infernale. La destruction complète du marché construit en fer prouve la violence de l'éruption ; un omnibus de Saint-Pierre à Sainte-Marie était parti rempli de voyageurs. Il fut surpris par la catastrophe et tous les voyageurs tués, à l'exception d'un enfant qui n'a pas eu la moindre égratignure.

Le vapeur *Tek*, de la Roya Mail Company, se trouvant le 8 mai, à dix heures du soir, à cinq milles en vue de Saint-Pierre, fit jouer ses sirènes et lança des fusées ; mais il ne reçut aucune réponse. Tout le rivage, sur une étendue de plusieurs milles, ressemblait à une immense fournaise. La ville n'était plus qu'un enfer sous une grêle de lave et de roches incandescentes.

Une première éruption ayant détruit le petit village du Prêcheur, M. Mouttet, gouverneur de la Martinique, partit le lundi 5 mai, afin d'examiner les lieux et demanda aussitôt, par câble, quelques milliers de francs pour les sinistrés, puis il retourna ensuite à Fort-de-France, sans paraître

s'émouvoir davantage. Il aurait dû comprendre que cette première éruption était un
avertissement.

Une malheureuse coïncidence avait retenu
à la ville les principaux commerçants de
Saint-Pierre ; c'était le jour de l'arrivée du
courrier de France et le jour du départ du
courrier anglais pour la France ; c'était en
outre un jour de fête. Sans cette double circonstance, un grand nombre de commerçants seraient allés passer la journée à la
campagne et auraient ainsi échappé à la
catastrophe.

Au Lycée, il y a cinq professeurs, sur les
vingt-cinq que comptait l'établissement, qui
n'aient pas été victimes. Le lycée avait été
licencié le 3 mai M. et Mme Deslandes
quittèrent Saint - Pierre pour Fort - de ̄
France, le lendemain 4 mai. Bien leur en prit !

Le périmètre ravagé par l'éruption du
8 mai, comprend : le Carbet, Basse-Pointe,
le Prêcheur, la Grande Rivière, Basse-Terre.
Le village d'Irrine, situé au sud de Saint-

Pierre, a été détruit par l'incendie, et tous les habitants sont morts.

C'est à Morne-Rouge, que se trouvent rassemblées toutes les villas des Français. et des créoles riches et, aussitôt qu'apparaissaient les premiers beaux jours, une grande partie de la population quittait chaque soir la ville pour aller passer la soirée et la nuit au Morne-Rouge, il y a quelques années, le Morne-Rouge fut entièrement rasé par un cyclone dont la soudaineté ne permit à aucun de ses habitants d'échapper à la mort.

Le 9 mai Saint-Pierre présentait un spectacle inouï, d'une horreur invraisemblable, éloignée de tout ce qu'un cerveau humain peut prévoir ou imaginer. Ici, c'est une femme prosternée, les deux mains sur la tête, dans l'attitude de l'imploration ; là, c'est un groupe de cinq personnes qui causaient dans la rue lorsqu'elles furent surprises par la mort brutale et inattendue ; l'une d'elles a la tête en bas et les pieds arcs-boutés contre les autres. Dans une maison, un cadavre a conservé son aspect naturel : mais à peine y a-t-on touché que la peau se détache du corps, rue Victor-Hugo, un homme est assis à son bureau : une jeune femme, sa fille, s'appuie sur son épaule, les bras autour de son cou, tandis qu'un jeune homme, à ses genoux, semble lui demander protection. Sur un balcon, un homme a la main droite sur le ventre et se ploie en deux Un douanier est re trouvé intact, asphyxié sous un canot qu'il avait retourné, espérant y trouver un asile contre la mort implacable. Et partout ce sont les mêmes scènes de suprême douleur, d'épouvante et d'horreur. Les groupes sont nombreux. Il semble qu'on ait voulu se réunir pour se sentir plus forts, pour mourir comme on avait vécu, dans une communion intime des âmes. Les membres d'une même famille, étroitement enlacés, paraissent ainsi accepter avec plus de courage la mort en commun, le passage en compagnie dans l'éternité pleine de mystérieux effroi.

Les rues étaient encombrées de morts noir-
cis, nus, méconnaissables ; une odeur de
viande pourrie et roussie prenait la gorge.
Certains cadavres présentaient une expression d'angoisse indicible sur les traits du
visage. La plus grande partie des habitants
sont morts d'ailleurs dans la rue, au moment
où ils s'enfuyaient. Un seul cadavre était
recouvert de vêtements, celui d'un domesti-
que de l'hôpital qui avait dû se plonger dans
un bassin d'eau ; celle-ci s'étant tarie, le cadavre a été ensuite carbonisé, avec les vêtements plaqués au corps.

Partout la même scène de désolation
et de mort s'offrait à la vue. Au poste de
police il y avait un monceau de cadavres;neuf
personnes de la même famille ont été retrou-
vées entrelacées. Une servante de la famille
Gabriel, retrouvée vivante dans la maison de
ses maîtres, est morte à l'hôpital des suites
de ses brûlures, les cadavres étaient nus, les
entrailles s'échappaient du ventre. Parmi,
des enfants tordus dans les plus horribles

convulsions de l'agonie ; le visage tourné vers la terre, comme s'ils avaient essayé de se soustraire aux vapeurs asphyxiantes, des monceaux de corps entremêlés disaient l'histoire d'une mort horrible et d'une indescriptible panique ; au milieu des décombres une jeune fille créole, nue jusqu'à la ceinture, les seins, la figure et les bras brûlés, les cheveux en désordre sur son dos. On retrouva les cadavres de M. Fraser, sa femme et son fils. La peau du visage de M. Fraser était brûlée, mais sa barbe et ses cheveux étaient intacts. Quand on enleva les bottes, une partie des pieds vint avec.

Au pied d'une statue de la Vierge, un homme mort en priant. Les corps de nombreux habitants qui avaient essayé de s'enfuir, gisaient épars dans toutes les directions. La tour de la cathédrale était encore debout, la grosse cloche est tombée au milieu des ruines La plus grande partie de l'autel détruite. On a retrouvé les calices en or. Un grand contenait les cendres d'une hostie ; un petit était plein d'hosties intactes, une statue de la Vierge a été retrouvée à cinquante mètres de son emplacement, absolument entière. Les cadavres de ceux qui s'étaient réfugiés dans la cathédrale étaient ensevelis sous les ruines.

L'horloge du Palais du gouvernement était arrêtée à 7 h. 50, ce qui a précisé l'heure exacte de la catastrophe.

Les recherches dans les ruines ont révélé certaines particularités bizarres. On a trouvé le cadavre carbonisé d'une femme qui pressait sur ses lèvres un foulard absolument intact. Des jeunes filles avaient encore aux pieds leurs chaussures. Le consul d'Italie à la Barbade a retrouvé le cadavre de sa fille, qui se trouvait à Saint-Pierre au moment de la catastrophe. On n'a pu sauver en fait de propriétés mobilières, qu'une somme de deux millions et demi de francs qu'on a retrouvée dans les ruines de la Banque de la Martinique, et des bijoux représentant une valeur d'un million ; un maraudeur a été trouvé dans un trou, possesseur d'une somme de 10.000 francs.

Un navire américain, le *Potomac*, en se dirigeant vers Fort-de-France, rencontra un bateau dans lequel six hommes ramaient ; ils venaient de Saint-Pierre et avaient en leur possession beaucoup d'argent et un grand nombre de bijoux qu'ils avaient volés. Le capitaine Mac Corniel les a remis entre les mains des officiers du croiseur *Suchet*.

Je possède plusieurs vues qui m'ont été rapportées, une représente un arbre fruitier. Tout autour on voit un monceau de cadavres de plusieurs hommes tués là pendant qu'ils étaient en train de cueillir les fruits. On distingue très bien un cadavre à travers les branches de l'arbre. Le malheureux a les mains levées dans la position d'un homme qui s'allonge pour arriver à saisir les fruits dans les branches supérieures. Une autre, est un coin de rue où, sur une espace de 30 mètres, gisent 16 cadavres d'hommes, de femmes et d'enfants de tous âges, dans une confusion épouvantable. Les attitudes prouvent que ces malheureux furent frappés de mort pendant qu'ils couraient.

Au nombre des maisons détruites, il en est une qui présentait un intérêt historique, c'est celle dans laquelle est née le **23 juin 1763** l'enfant qui devait plus tard devenir l'impératrice Joséphine.

La Martinique s'honore d'avoir vu naître Joséphine Tascher de la Pagerie, qui épousa en secondes noces le général Bonaparte, suivit la fortune de son mari et devint impératrice des Français ; le brave général dont elle était veuve lorsqu'elle épousa le général Bonaparte, appartenait aussi à la colonie. Alexandre de Beauharnais était né à Fort-Royal peu de temps après la défaite des Anglais par son père Thibaut de Chavalon, correspondant de l'Académie des Sciences ; l'administrateur Moreau de Saint-Méry ; le mulâtre Belgarde qui gouverna la colonie après le départ de Rochambeau ; Magloire Pélage, homme de couleur, qui fut aussi placé à la tête du gouvernement de la Guadeloupe ; le littérateur d'Avrigny, membre de l'Académie Française, sont également des enfants de la Martinique.

Les ordres religieux français représentés à la Martinique sont les Pères du Saint-Esprit et les Sœurs de Saint-Joseph de Cluny, qui possédaient à Fort-de-France et à Saint-Pierre des maisons d'éducation. Les Pères du Saint-Esprit avaient, à Saint-Pierre, un pensionnat comprenant 20 missionnaires et 160 élèves, 3 pères résidaient au Morne-Rouge. Les sœurs de Saint-Joseph de Cluny avaient quatre pensionnats à Saint-Pierre. Ces divers établissements comptaient 200 élèves et 37 religieuses. Cette communauté avait été fondée en 1882, par la révérende mère Javouhey, la créatrice de l'ordre. Toutes les religieuses venaient de France.

Aussitôt que le malheur fut connu à Fort-de-France, le sauvetage s'organisa rapidement. Le *Suchet* avec son équipage au complet ayant en tête le commandant Lebris, arriva en rade de Saint-Pierre pour recueillir les survivants.

Le commandant Thirion, du *Pouyer-Quertier*, passa au travers d'un nuage de cendres brûlantes pour chercher 456 personnes aux environs du Prêcheur. Le *Suchet* en ramena autant. Le 10, le commandant Thirion, au risque de faire incendier son navire, recueillit encore 600 personnes des environs de Saint-Pierre. Le *Suchet* en ramena 800 autres.

Le navire danois *Walkynen* a sauvé 1.500 personnes et distribué tous ses vivres aux malheureux. Le vapeur *Rubis* se rendit à Fort-de-France pour y porter toutes les provisions qu'il avait à son bord. En Italie, l'amiral Morin, ministre de la marine, a donné l'ordre au croiseur *Calabria* de se rendre à Saint-Pierre pour porter secours.

De son côté, M. Lhuerre, secrétaire général de la Martinique, assura par tous les moyens dont il disposait l'alimentation des sinistrés et fit prodiguer des soins aux blessés ramenés dans les hopitaux de Fort-de-France. M. Muller, secrétaire du regretté gouverneur, fut chargé de ramener en France les trois jeunes enfants de M. et Mme Mouttet qui furent recueillis par leur grand-père M. le pasteur de Coppet.

A la Guadeloupe on a retrouvé des épaves de la catastrophe : à la Goyave, des pêcheurs ont ramené un canot marqué *Médélina* du port de Saint-Pierre. A Pointe-Noire, on a trouvé un canot vide de ses passagers. A Saint-Louis, des pêcheurs ont ramené le canot *Pontsonne*, de Saint-Pierre. A Grand-Bourg, sept cadavres, dont quatre hommes et trois femmes, ont échoué sur le rivage.

Le *Pouyer-Quertier* qui recherchait sur la côte de Martinique le câble rompu pendant la catastrophe de Saint-Pierre, l'a retrouvé à une profondeur de 1.200 mètres, alors qu'auparavant il n'était immergé qu'à une profondeur de 300 mètres. Il faut donc en conclure qu'une dépression sous-marine considérable de 900 mètres s'est creusée, simultanément avec les éruptions volcaniques.

Mgr de Cormont, depuis trois ans à la tête du diocèse de la Martinique, se trouvait à Paris en congé de convalescence, et habitait chez sa sœur rue de la Ville-l'Evêque. Profondément ému du désastre de son diocèse, Mgr de Cormont voulait partir aussitôt pour la Martinique, et il eût été naturel de lui remettre les fonds destinés à secourir les victimes échappées au désastre ; mais M. Decrais n'a pas cru pouvoir confier cette mission à un évêque.

La France en deuil.

La dépêche de Fort-de-France, qui annonçait le désastre de Saint-Pierre, fut reçue le 9 mai, au ministère de la Marine. Le Conseil des ministres réuni aussitôt décida qu'en signe de deuil, le drapeau national serait mis en berne pendant trois jours sur les édifices publics. D'autre part, le minis-tre de la marine donnait des ordres aux autorités maritimes en France et en Algérie pour que les établissements et les navires mettent leur drapeau en berne.

> Ministre des colonies à gouverneur,
> Fort-France.

C'est avec la plus poignante douleur que le gouvernement a appris la catastrophe dont la population et la ville de Saint-Pierre viennent d'être victimes Je vous prie de transmettre à nos infortunés concitoyens de la Martinique l'expression de la profonde sympathie qu'éprouve pour eux, dans cet immense malheur, la nation tout entière. Jamais la Métropole n'a senti avec plus de force la puissance des liens qui l'attachent depuis des siècles à ses vieilles et fidèles colonies antillaises. Demain matin, par le croiseur d'*Assas*, partira une mission char-gée par le gouvernement de s'entendre avec vous pour la distribution d'une somme de 500.000 fr. qu'elle apporte.   DECRAIS.

En dehors des vivres et des désinfectants embarqués à bord du d'*Assas*, le département des colonies avait donné l'ordre de diriger sur la Martinique 150.000 kilos de morue, pris directement à Saint-Pierre-et-Miquelon ; 100.000 kilos de farine, 40.000 kilos de conserves et 45.000 kilos de désinfectants de tous ordres (acide phénique, chlorure de chaux, chlorure de zinc, sulfate de cuivre et de fer).

Au point de vue des approvisionnements, des mesures ont été prises pour assurer un très large ravitaillement de la Martinique. Des envois importants ont été effectués des colonies voisines ; de plus, le consul général de France à New-York a avisé le Gouvernement que les Américains avaient donné pour vingt jours de vivres pour 150.000 personnes.

Le transport de l'Etat l'*Isère* avait emporté 300.000 rations destinées aux malheureux.

En dehors des premiers secours envoyés des colonies voisines et des Etats-Unis, le gouvernement français a procédé aux envois suivants : Le *Beaumanoir*, parti de Saint-Pierre-et-Miquelon, a porté 150.000 kilos de morue à Fort-de-France. Le *Bruix* et le *Surcouf*, partis le 17 mai, ont pris à Brest un nouveau stock d'approvisionnements. Le *Labrador*, emporte 100.000 kilos de farine, 40.000 kilos de conserves de viande, 25.000 kilos de chaux vive, 27.000 kilos de chlorure de chaux et de zinc, acide phénique, sulfate de cuivre, ouate, iodoforme, coton iodé, tarlatane. Des dons considérables du comité de secours du Havre et de l'Union des femmes de France, consistant en approvisionnements de toutes sortes, vivres de malades, conserves, lait, viande, vin, légumes, linge, draps, chemises d'hommes, de femmes, d'enfants, 400 robes de toile, etc.

Le croiseur *Tage* qui se trouvait à la Nouvelle-Orléans est aussitôt parti à destination de la Martinique emportant 60.000

rations, des médicaments, ainsi que les secours offerts par le maire de la Nouvelle-Orléans, et 10.000 francs provenant des premières souscriptions recueillies.

De toutes parts les dons en argent, les secours en nature ont afflué, et l'élan de générosité provoqué par cet épouvantable malheur a été admirable.

Les secours envoyés par les Nations étrangères.

Le terrible deuil qui a frappé non seulement la France, mais l'humanité toute entière, devait naturellement éveiller un écho douloureux à l'étranger et provoquer des manifestations de douloureuse sympathie. C'est ainsi que la plupart des gouvernements et des chefs d'Etat se sont, dès la première heure, empressés d'apporter à notre pays le témoignage officiel de cette sympathie universelle. Les Américains, notamment, ont été superbes d'élan et d'esprit pratique. A peine le désastre connu, le

Congrès votait sans débats, sur un message du président Roosevelt, un secours d'un million de francs. En même temps, des dépêches télégraphiques étaient adressées à tous les agents des Etats-Unis dans la région, mettant à leur disposition un large crédit et leur prescrivant de se procurer à quelque prix que ce fût tous les vivres ou objets divers de nature à être distribués aux sinistrés.

La grande République Américaine a tenu à donner à sa sœur aînée des gages de la plus cordiale sympathie. Tous les Français ont été touchés des preuves d'amitié données si spontanément par les Américains, et nous leur adressons ici l'expression de notre vive et inaltérable reconnaissance.

Le Ministre de la guerre des Etat-Unis d'Amérique a envoyé à la Martinique par le croiseur *Dixie*, 800.000 rations, des vêtements, des médicaments et des provisions de toutes sortes pour 50.000 personnes.

En outre, le Président Rosevelt a désigné

des Comités chargés de recevoir les fonds destinés à secourir les victimes des catastrophes de la Martinique et de Saint-Vincent. Il a chargé tous les receveurs des postes et présidents des banques nationales de recueillir les dons. Il fait appel au public pour contribuer généreusement au soulagement de ceux sur lesquels a fondu un si épouvantable malheur. Le *Luckenback*, vapeur affrété spécialement par le *Herald*, a porté à la Martinique, une quantité énorme de provisions et de médicaments. Le vapeur, parti de San Juan (Porto-Rico), avait pu embarquer des légumes frais et des fruits.

Le navire de guerre américain *Potomac* a débarqué toutes les provisions dont il pouvait disposer.

Le navire *Fontabelle*, portant les vivres et les médicaments offerts par la chambre de commerce de New-York, est arrivé à Fort-de-France, ayant à bord le délégué du Président Roosevelt. Ce dernier est venu saluer le gouverneur et le représentant du ministre

et leur a fait savoir que la souscription pri-
vée ouverte à New-York s'élevait à plus de
500.000 francs. — Le transport à charbon
Sterling de la flotte américaine est arrivé
avec des provisions pour les victimes. Le
secrétaire à la guerre a accepté l'offre de
1.000 barils de farine faite par M. Louis
Klopsch, de Chicago, pour la Martinique,
M. Jesup a autorisé le consul à tirer sur la
Chambre de commerce de New-York, pour
une somme de 5.000 dollars et a télégraphié
aux autorités de la Martinique d'acheter des
provisions au capitaine du *Madiana* jusqu'à
concurrence de cette somme.

Le commandant de la marine américaine
Mentz et le capitaine d'infanterie Crabbs
sont arrivés sur le vapeur *Sterling II*, avec
un chargement de vivres offerts par le gouvernement de l'île de Porto-Rico.

A Vienne, le bourgmestre, M. Lueger, a
rappelé la catastrophe de Saint-Pierre qui
provoque la sympathie de tous les habitants
de la terre.

C'est aussi le devoir du conseil municipal de Vienne d'exprimer ses sentiments de condoléances. Le comité a décidé. par un vote, d'envoyer aux représentants de la Ville de Paris l'expression de sa sympathie. Il a voté une somme de 5.000 couronnes pour les victimes de la Martinique.

L'*Indéfatigable*, de la marine anglaise, a débarqué des approvisionnements provenant de la Jamaïque et de Demerara.

On a appris avec émotion en France, que la reine Wilhelmine, compatissant à la souffrance de nos malheureux colons, a ordonné qu'on envoyât sans retard de Curaçao, où ils se trouvaient, les deux navires de guerre hollandais *Surinam* et *Reine-Régente*, pour porter secours.

Une association de commerçants berlinois a publié un appel en faveur des sinistrés. Le gouverneur de la Dominique a fait connaître qu'il offrait à la Martinique 2.500 fr. de vivres, le gouverneur de la Guadeloupe a envoyé un chargement de vivres pour les sinistrés.

Les Barbades, sept cents barils de vivres, de la glace et des médicaments.

L'Union des Femmes de France a fait un envoi de 7.000 francs en matériel de subsistance et de pansement. Le *Madiana*, chargé de 3.000 tonnes de secours et provisions, et portant médecins et infirmières, a été aussitôt dirigé sur Fort-de-France.

Le navire allemand *Falké* a apporté aussitôt des vivres, c'est le premier bateau sous pavillon allemand qui est venu à la Martinique depuis 1871.

Souscriptions et Dons.

S'il est quelque consolation possible devant la calamité qui vient de fondre sur une de nos plus anciennes et riantes colonies, c'est le concours de solidarité humaine qui est fourni à la France par toutes les nations du monde, concours qui s'est traduit spontanément par des souscriptions publiques, des télégrammes de pitié douloureuse, des motions de sympathie dans tous les Parlements, des envois considérables d'argent faits par tous les monarques.

Le mouvement de solidarité universel qui s'est manifesté à l'occasion de la catastrophe de St-Pierre est venu rasséréner un peu les âmes françaises, donner quelque réconfort à ceux et à celles qui croient et travaillent à une amélioration future des relations internationales. Il y a dans cette communion universelle devant la souffrance l'indice d'une étape de l'humanité.

Il semble que les contrées les plus privilégiées, l'Italie, l'Espagne, les régions pyrénéennes, Madère, en raison même de la pureté de leur ciel, de la luxuriance de leur végétation, soient plus exposées que toutes les autres à la soudaineté des phénomènes sismiques, et qu'elles aient à payer davantage le charme qui émane d'elles pour l'habitant trop heureux et pour le touriste émerveillé.

Quoi de plus beau que les golfes de Naples et de Lisbonne, que cette Murcie l'autre jour secouée par un tremblement de terre, que le Béarn, l'Andalousie, toutes contrées, enfin, où le danger dort sous la terre et peut se réveiller avec des grondements qu'accompagne aussitôt la calamité inconjurable ! La Martinique était classée au nombre de ces régions heureuses.

Appel aux municipalités

Une effroyable catastrophe vient de frapper l'île de la Martinique.

La France est en deuil. Une formidable éruption de la montagne Pelée a anéanti en quelques minutes la ville de Saint-Pierre.

Trente mille victimes sont ensevelies sous les cendres et les décombres. Un immense cri de douleur s'est élevé dans le monde entier.

Déjà les souverains étrangers et toutes les nations ont envoyé, avec des adresses de sympathie, des dons en argent et des secours de toute nature.

Ce sont des Français qui sont morts, victimes d'un aveugle fléau. Ils laissent des veuves et des orphelins. La Commission d'assistance et de secours, instituée d'urgence au ministère des colonies, a décidé d'ouvrir une souscription nationale afin de pourvoir aux besoins les plus pressants.

C'est au cœur de la France qu'elle s'adresse.

Le cœur de la France lui répondra.

Elle adjure le pays tout entier de la seconder dans cette mission de solidarité patriotique. Riches et pauvres sont appelés à coopérer à cette œuvre d'assistance sociale, de réparation et de salut ! Pour le Comité officiel d'assistance et de secours aux victimes de la catastrophe de la Martinique.

La Commission exécutive.

Rouen, 14 mai 1902. Dans une réunion, M. A. Périer, le sympathique Président de la chambre syndicale de la boulangerie de Rouen, a su dans une inspiration du cœur qui unit tous les esprits dans un même élan de patriotique solidarité, envoyer un souve-

nir ému aux familles martiniquaises si cruellement éprouvées

M. A. Périer a dit :

Avant de nous séparer, messieurs, je con-
sidère comme un impérieux devoir de faire
appel à vos sentiments de bonté, d'humanité
en faveur des infortunés sinistrés de la Martinique, nos compatriotes. Le Comité commercial rouennais vous invite à donner votre
obole. En répondant à son appel, vous ferez
acte de bons Français.

Une triple salve d'applaudissements a
accueilli la déclaration de M. Périer qui
avait eu la louable pensée de faire appel à la
générosité de ses compatriotes en faveur des
survivants de la Martinique.

Dons des Souverains et des chefs d'Etat.

	Francs
Le Président Roosevelt des Etats-Unis a signé le bill ouvrant, en faveur des victimes de St-Pierre et de St-Vincent, un crédit de.	2.500.000
L'Empereur de Russie.	250.000
Le Roi d'Angleterre.	25.000

	Francs
L'Empereur d'Autriche	25.000
Le Roi d'Italie	25.000
Le Président de la République Fran- çaise	20.000
La Princesse Waldemar du Dane- mark.	20.332
Le Pape Léon XIII.	20.000
Le Sultan de Turquie.	30.000
L'Empereur d'Allemagne. . . .	12.500
La Reine Régente d'Espagne . .	10.000
Le Shah de Perse.	10.000
Le Roi de Portugal.	10.000
L'Empereur du Japon.	10.000
Le duc de Chartres.	10.000
Le Roi de Siam (4000 ticaux). . .	6.000
Le Roi de Suède.	5.000
La Reine de Hollande (2000 florins).	5.000
Le Roi de Danemark.	4.000
La Reine Douairière de Portugal.	3.000
Le Prince de Monaco.	3.000
Le Roi de Grèce.	2.000
Le Duc de Penthièvre.	2.000
La Comtesse de Paris.	2.000
Le prince Murat.	1.000
Le Président Krüger	800
Total.	3.211.632

Souscriptions des Nations Etrangères.

	Francs
Souscriptions ouvertes à New-York.	500.000
Chambre de Commerce Américaine de New-York.	256.000
Souscriptions recueillies au Canada.	129.250
Le gouvernement du Canada. . .	125.000
Conseil Municipal de Berlin (40.000 marks)	50.000
La ville d'Anvers	30.000
La corporation des brasseurs de New-York	25.000
M. Jesup, Chambre de commerce à New-York (5000 dollars). . .	25.000
Le Conseil législatif de Kingston (Jamaïque), pour les sinistrés de St-Pierre et St-Vincent. . . .	25.000
Le Conseil municipal de Prague. .	25.000
Le Conseil municipal de Trieste (10.000 couronnes)	25.000
Chambre de commerce française à New-York	20.000
Conseil municipal de Vienne (5.000 couronnes)	12.500
La Banque d'Angleterre. . . .	12.500

	Francs
Chambre de commerce américaine à Paris.	12.500
La Compagnie des télégraphes du Nord Européen à Copenhague.	10.000
La Nouvelle-Orléans	10.000
Chambre de commerce de Berlin.	10.000
Souscriptions de la Grèce.	10.000
Le maire de la New-Orléans.	10.000
Souscription du Journal d'Alsace à Metz	6.700
Le patriarche du Liban (Syrie) produit des dons faits par les Maronites.	6.000
La Gazette de Francfort.	5.000
La Banque d'Haïti.	5.000
Souscriptions de l'Ile Maurice.	5.000
La Croix-Rouge Espagnole.	5.000
Le Conseil Municipal de St-Sébastien, Espagne (5.000 pesetas).	5.000
Conseil municipal de l'Ile Maurice.	5.000
Conseil municipal de Port-Louis.	5.000
Conseil municipal de Strasbourg.	3.700
Les habitants de l'Ile St-Christophe.	2.500
Ste The India Kubber de Londres.	2.500
Robert Kaye Gray à Londres.	2.500
M. K. Rivière de Londres.	1.000

	Francs
Le Président du Conseil Danois. .	1.000
Les Finlandais	1.000
Conseil municipal de Carthagène (Espagne)	500
La Fédération des Alliances Françaises aux Etats-Unis. . . .	500
London And River Plate Bank. .	500
Journal de Forbach (Alsace). . .	500
Ligue pour le Salut de la patrie Russe	250
M. Gordon Millet à Londres. . .	125
M. Chalas à Londres	100
Marquis de Paulucci (Italien). . .	100
Total. . . .	1.387.227

Le président de la République et le gouvernement ont adressé aux chefs d'Etat et aux gouvernements étrangers les remerciements cordiaux et l'expression de la sincère gratitude de la France pour les dons qu'ils ont faits, et aussi pour toutes les marques de sympathie manifestées à l'égard de la France.

Souscriptions des Colonies françaises.

	Francs
La Guadeloupe	153.000

	Francs
Le Syndicat de la Presse et les Notabilités Algériennes.	100.000
La ville d'Alger	50.000
Le Directeur de la Banque de Pointe-à-Pitre a ouvert des crédits pour	46.000
La Guyanne	25.000
Chambre de commerce française de Buenos-Ayres	25.000
Banque d'Algérie	2.000
Compagnie Algérienne.	1.000
Conseil municipal de Constantine .	500
Compagnie des chemins de fer de Dakar.	500
Le Directeur de la Banque d'Algérie.	500
Total	403.500

Noms des principaux souscripteurs.

Le Gouvernement de la République	5.000.000
Le Conseil municipal de Paris . .	100.000
Ville du Havre, Souscription publique	63.000
Le Conseil général de la Seine .	50.000

Francs

Subvention du Département de la Seine.	50.000
Rothschild frères	50.000
Souscription de la Banque de France	41.841
Souscription du Journal le Temps.	38.477
Représentation de Cirque Barnum.	25.419
Deuxième don du Crédit Foncier	25.000
Banque de France	25.000
Syndicat des banquiers en valeur à terme.	17.000
Le diocèse de Laval.	15.000
La Compagnie des agents de change de Paris.	14.000
Ville de Nancy	12.600
L'union des Femmes de France.	12.000
Union Commerciale de Caen.	11.250
La Compagnie de l'Ouest.	10.000
— d'Orléans.	10.000
Cie Paris-Lyon-Méditerranée	10.000
Le Comité des Artistes Français	10.000
Société des Bains de Mer.	10.000
Le Comité des Forges de France	10.000
Banque de Paris et des Pays-Bas	10.000
La Société Générale.	10.000
Comptoir National d'Escompte de Paris.	10.000

	Francs
Les Magasins du Bon Marché . .	10.000
Les Magasins du Louvre. . . .	10.000
Institut colonial de Bordeaux. . .	10.000
Crédit Lyonnais	10.000
Les Compagnies d'Assurances Générales	10.000
Le Crédit Foncier	10.000
Le Comité des assurances maritimes	10.000
Conseil municipal de St-Etienne.	5.000
— — du Havre. . .	5.000
— — de Bordeaux .	5.000
La Baronne David Léonino . . .	5.000
Compagnie du Canal de Suez. . .	5.000
Société d'encouragement d'exportation	5.000
Mme Rigaud	5.000
Société du Crédit industriel et commercial	5.000
Menier	5.000
Chambre de commerce de Dieppe.	5.000
Société française de secours aux blessés militaires des armées de terre et de mer.	5.000
La Compagnie Transatlantique . .	5.000
Crédit Algérien	5.000

	Francs
Le Grand Cercle	5.000
Le Conseil des avocats à la Cour d'Appel de Paris	5.000
Le Marché libre des rentes françaises	4.000
L'Association des Dames Françaises	3.000
La caisse des Victimes du Devoir .	3.000
Lehideux et Cie	3.000
Jules Porgès	3.000
Les Compagnies d'assurances l'Urbaine.	3.000
Docteur Guyot	2.500
Chambre de commerce de Lyon. .	2.000
Félix Potin	2.000
Compagnie la Foncière	2.000
Martell et Cie.	2.000
Sous-comptoir des entrepreneurs :	2.000
Schneider et Cie.	2.000
Les Chargeurs réunis.	2.000
Chambre syndicale des propriétés immobilières de la ville de Paris.	2.000
Compagnie des courtiers d'assurances près la Bourse de Paris . .	2.000
Les magasins de Pygmalion. . .	2.000
Le progrès de la Côte-d'Or . . ,	1.800

	Francs
Souscriptions reçues par le Journal la Gazette de Château-Gontier.	1.304
Le Conseil municipal de Toulon.	1.000
— — de La Rochelle	1.000
Le Conseil municipal de Clermont-Ferrand.	1.000
La raffinerie Sommier. . . .	1.000
Librairie Colin	1.000
Vicomte A. de Curel	1.000
M. Seydoux et Cie	1.000
Société des maisons coloniales de convalescence	1.000
Le progrès de Lyon.	1.000
Chambre de commerce de Calais	1.000
Chambre Syndicale des agents de Change de Lyon	1.000
Compagnie des Travaux publics.	1.000
Compagnie des Câbles télégraphiques	1.000
La Comtesse J. de Ganay. . .	1.000
M. Fallières, Président du Sénat	1.000
Magasins du Printemps . . .	1.000
Mme Félix Faure.	1.000
Réunion Boër - Martiniquaise (Salle Charras), etc., etc., etc.	1.000
Total . .	5.849.191 fr.

Le montant de la souscription Nationale, et des dons faits par les Souverains atteignait au 15 novembre 1902 : 8.791.623 fr. 85 c.

M. Decrais, par l'intermédiaire de M. Bloch, a fait parvenir aux sinistrés une somme de 500.000 francs Le comité exécutif a mis à la disposition du gouverneur 100.000 fr. ; il a fait tenir au gouverneur de la Guadeloupe et au consul de la Trinidad des sommes importantes pour subvenir aux besoins des Martiniquais réfugiés dans ces îles. Il a été accordé à ceux des sinistrés réfugiés dans la Métropole plus de 100.000 fr. Dès le 16 mai, la commission avait délégué à la Martinique, pour parer aux premiers besoins, 100.000 fr. en numéraire et 200.000 fr. de vivres. Depuis lors, elle a délégué : le 24 mai, 50.000 francs à la Guadeloupe ; les 24 mai et 5 août 30.000 francs à la Guyane ; les 26 mai et 19 juin 80.000 francs à la Trinidad ; le 12 août 13.000 francs à Fort-de-France, pour permettre aux autorités locales de secourir les sinistrés qui s'étaient réfugiés dans ces colonies ; 14.000 francs ont été également délégués au fur et à mesure des besoins signalés aux comités locaux de Bordeaux, de Nantes et de Marseille pour être, lors de leur débarquement, distribués aux sinistrés rapatriés. Elle a délégué à la Martinique, le 20 août, 100.000 fr. et le 4 septembre 500.000 qui lui ont été demandés par le ministre pour permettre de prendre les mesures nécessitées par les graves événements qui viennent de se produire. A ces sommes il convient d'ajouter, comme dépenses engagées, 150.000 fr. pour vivres et 150.000 fr. pour frais de rapatriement. Puis il a été donné : 2.000 à Gros-Morne ; 1.000 à la Trinité ; 3.500 à Sainte-Marie ; 800 à Lorrain ; 600 à Ajoupa-Bouillon ; 400 à Morne-Rouge ; 400 à Basse-Pointe ; 2.000 à Casepilote ; 6.000 à Fort-de-France.

Le Dr Pichevin, président du comité martiniquais a dit :

On a reproché au comité d'avoir acheté des bons du Trésor avec l'argent de la souscrip·

tion publique. Mais n'est-ce pas dans l'intérêt des sinistrés qu'une telle mesure a été prise ? Les huit millions de la souscription publique ne pouvaient pas rester improductifs.

Le Comité a distribué des secours à tous ceux qui étaient dignes d'intérêt. Il a agi avec intelligence et prévoyance, en bon père de famille qui ménage ses fonds dans le but d'assurer l'avenir de ceux qui sont dans l'impossibilité de gagner leur existence.

Le gouvernement a reçu les deux adresses suivantes, émanées du Conseil général de la Martinique :

Le Conseil général, en session ordinaire, adresse à M. le président de la République l'expression de son respect et de son dévouement à la France ainsi qu'à son gouvernement, les remerciements les plus vifs pour la façon généreuse dont la Martinique a été secourue après le désastre du 8 mai.

Il prie M. le président de conseil d'être son interprète auprès des nations qui, dans un admirable et fraternel élan de solidarité, ont donné à notre malheureux pays de si grands témoignages de sympathie.

Le Conseil général proteste, en outre, avec vigueur contre la campagne de dénigrement systématique dont a été l'objet la population qui tendrait à détourner d'elle la sympathie de la mère-patrie.

La deuxième adresse est ainsi conçue :

Le Conseil général de la Martinique envoie au président de la République, au ministère Combes et à la commission de secours présidée par M. Godin, l'expression des sentiments de sympathie et de reconnaissance de la colonie si éprouvée.

Prie le président du conseil des ministres de transmettre à tous les généreux donateurs les sincères remerciements de la population martiniquaise.

Les éruptions successives du Mont-Pelé.

On avait espéré après la terrible éruption du 8 mai, que le Mont-Pelé ne ferait plus de nouvelles victimes. Hélas ! le **16** mai à onze heures du soir, le volcan a lancé des éclairs énormes, visibles de Fort-de-France, d'épais nuages aux lueurs rouges, sillonnés d'éclairs venant du volcan, ont jeté la panique dans les localités du Lorrain, de Marigot, de Sainte-Marie et de Trinité, où une pluie de cendres a accompagné le phénomène pendant vingt minutes.

Le 19, nouvelle éruption. Le Carbet, charmante localité située au sud de Saint-Pierre, a été en partie détruit par une trombe de feu, et Fort-de-France, plus loin encore même, a été bombardé par une pluie de pierres et de poussière.

Le **20**, à cinq heures trente du matin, une épaisse colonne de fumée, sillonnée d'éclairs, a été rejetée par le cratère et a roulé avec une grande vitesse dans la direction de Fort-de-France. Les lueurs étaient terrifiantes et de nouveaux cratères s'ouvraient sur les flancs du mont Pelé. Un grand nombre d'habitants se sont réfugiés à bord des navires sur rade. Dans la précipitation de l'embarquement, plusieurs canots ont chaviré.

A Fort-de-France, pendant la nouvelle manifestation d'activité du volcan, la panique a été irrésistible. La population épouvantée fuyait dans toutes les directions ; vingt mille personnes couraient dans les rues sous la pluie de cendres et de pierres, terrifiées, se lamentant et, tout à coup, s'agenouillant et priant. Mille personnes environ s'embarquèrent sur les vapeurs *Salvador, Horten* et *Helga*, pour gagner la Guadeloupe ou Sainte-Lucie, et plus de trois mille se réfugièrent dans les communes de l'Extrême-Sud.

Les 16 et 20 mai, la conflagration des éléments fut plus épouvantable que le 8 mai ; les éclairs, le tonnerre, les cendres et la pluie de feu et de pierres étaient plus effroyables encore. Les fugitifs que le navire recueillit à son bord étaient comme morts de peur. Ceux d'entre eux qui provenaient des villages de l'intérieur ont déclaré que les pierres tombées du ciel étaient d'un volume considérable, qu'elles brisaient les toits des maisons et tuaient les habitants. Ils ont vu plusieurs de leurs compagnons écrasés devant eux par les projectiles. D'autres, frappés au moment où ils traversaient à gué une rivière, ont disparu sous l'eau.

M. Richard, de Victoria Park (Manchester), venu d'une colonie anglaise pour visiter les ruines de l'île, se trouvait à l'hôtel quand le nuage de feu s'approcha de la ville avec une rapidité effrayante. Epouvanté comme tout le monde, il abandonna tout ce qu'il avait à l'hôtel, se précipita vers le quai et se jeta dans la mer. Habile nageur, il parvint, sans difficulté, à atteindre l'*Indéfatigable*.

21 mai, le volcan lançait encore de la boue bouillante qui coulait en torrents jusqu'à la mer.

23 mai : La panique continue et la plupart des habitants quittent la ville. Les steamers *Versailles* et *Ville-de-Tanger* sont partis pour différents ports des Antilles et de l'Amérique du sud avec quatre cent-cinquante

émigrants. Dans la soirée du 26 mai, vers 8 h., une nouvelle éruption du mont Pelé s'est produite occasionnant une panique à Fort-de-France. Le volcan couvert de flammes rejettait des cendres sur le Carbet, la Grande-Rivière, le Macouba, la Basse-Pointe, le Lorrain, Ajoupa-Bouillon, le Morne-Rouge, les flammes atteignirent 150 mètres de hauteur. Le diamètre du cratère avait 350 mètres et lançait des millions d'éclairs.

28 mai : Au moment où le *Tage* passait en vue de Saint-Pierre, une nouvelle éruption s'est produite donnant lieu à une subite coulée dans le lit de la rivière Blanche.

5 juin : Une terrible explosion s'est encore produite au mont Pelé, Fort-de-France est restée dans l'obscurité de dix heures du matin à deux heures de l'après-midi. Les plaines du Morne-Rouge ont été recouvertes d'une boue chaude.

Le cratère projetait une épaisse nuée de fumée qui provoqua une vive émotion parmi les passagers de l'*Eden*. Il faisait absolument noir à trois milles de Sainte-Lucie. L'éruption du 9 juillet s'est manifestée par une colonne de fumée noire sillonnée d'éclairs, ensuite par des colonnes de feu qui ont incendié les ruines de Saint-Pierre. Une pluie de pierres et de cendres s'est abattue pendant 25 minutes sur les communes de Morne-Rouge et de Fonds-Saint-Denis.

13 juillet : Le mont Pelé a eu une éruption dans la nuit. Les communes de Morne-Rouge, Ajoupa-Bouillon et Taconia ont été couvertes de pierres et de cendres.

20 août : L'éruption a été suivie d'une obscurité complète dont l'effet s'est produit jusqu'à 5 milles en mer et qui a duré 20 minutes. Le *Dahome* a été obligé de modifier sa route pour échapper à la pluie des cendres qui tombait.

Le 25 août, à 9 h. 20, une vacillation du sol s'était produite du nord au sud de l'île. Une éruption volcanique a eu lieu dans la nuit, elle était accompagnée de décharges électriques, de gerbes de flammes et de jets de matières incandescentes répandues sur un rayon de 200 mètres, dans la direction du Morne-Rouge. On a entendu des grondements souterrains venant d'une grande distance, tandis que le cratère du volcan s'embrasait et qu'une pluie de cendres couvrait le pont des navires passant au large.

L'éruption du Mont-Pelé du 30 août 1902. Une panique à Fort de France.

Dans la soirée du 30 août, on apercevait de Fort-de-France, se dirigeant des pitons sur la ville, un nuage très épais, très étendu, transpercé d'étincelles électriques dans tous les sens : un instant, un nuage noir très compact recouvrait la ville jetant tout le monde dans la consternation. Un cri terrifiant qui se répercutait dans toutes les directions : « La mer monte ! » jeta la population dans le plus grand affolement : en moins d'un quart d'heure tous les habitants avaient quitté la ville gagnant les mornes et poussant des cris déchirants. L'éruption eut lieu à neuf heures du soir ; elle a été de beaucoup plus violente que celle du 8 mai. A ce point que la ville de la Pointe-à-Pitre, située à 180 milles de la Martinique, a été couverte de cendres. Les victimes sont au nombre de 2.000 environ. Au Morne-Rouge, il y a 200 tués et 150 blessés. Le curé, M. l'abbé Marie, a été grièvement brûlé ; transporté à Fort-de-France, il y est mort.

Ajoupa-Bouillon a été complètement brûlé et l'on compte environ 300 morts ou blessés. A la Grande-Anse, à Champ-Flore et au Parnasse, qui ont été détruits, les morts sont, malheureusement, en grand nombre. Comme toujours, les soldats ont été d'un dévouement au-dessus de tout éloge.

Une barque contenant 20 fugitifs est arrivée à Saint-Dominique. Les malheureux, surpris par l'éruption du 30 août, s'étaient embarqués en toute hâte d'un point du littoral nord de la Martinique pour gagner le Sud. Poussés par un vent violent, ils errèrent pen-

dant trois jours et trois nuits en mer, sans
vivres et sans eau, jusqu'à ce qu'ils furent
aperçus et pris en remorque par un vapeur
anglais. Le Morne-Rouge était un village
charmant, à quatre kilomètres de Saint-
Pierre. C'était le but d'un grand nombre de
promeneurs qui volontiers y allaient passer
la journée du dimanche. On se souvient que,
lors de l'éruption du 8 mai, ceux des habitants de Saint-Pierre qui purent échapper à
la mort ont été presque tous sauvés parce
qu'ils avaient été passer la journée de fêtes
de l'Ascension sous les ombrages du Morne-
Rouge. Les somptueux chalets qu'on y trouvait étaient un charmant lieu de repos pour les
excursionnistes, qui y venaient visiter tout à
la fois et la campagne et le calvaire si pitto-
resque noyé dans un fouillis de verdure. Le
Fond Carré aussi était un but de promenade
pour les Martiniquais. Il a été détruit
comme le Carbet et le Morne-Rouge et il
n'en reste plus rien. Un autre village, le
Prêcheur, situé à l'ouest de la Montagne

Pelée, a été anéanti par la catastrophe au moment où le croiseur le *Suchet* venait y prendre les habitants pour les conduire à Fort-de-France. Depuis la grande éruption du 8 mai, le *Suchet* avait été plusieurs fois porter des vivres aux habitants des villages de la côte et notamment du Prêcheur. La partie nord de la Martinique, celle qui comprend les pitons du Carbet et la Montagne Pelée est hachée de montagnes qui s'entre-croisent, mais dont l'axe général est du nord au sud. Ces montagnes, couvertes d'arbres gigantesques et de forêts impénétrables renferment des foyers volcaniques nombreux, dont le plus important semble avoir été autrefois celui du Carbet, situé au sud du Mont-Pelé, le plus élevé, dont l'altitude avant la catastrophe était de 1.350 mètres, est maintenant affaissé surtout dans sa partie septentrionale. La population de la Martinique a beaucoup diminué en raison des départs. C'est à tort qu'on dit que l'île contiendrait encore 180,000 habitants ; un recensement sérieux révélerait à peine la présence de 100.000 personnes, presque toutes confinées dans le sud. Les îles voisines ont profité de cet exode ; la population de la Guadeloupe a dû s'augmenter de quinze mille âmes au moins en trois mois, et des vapeurs continuent à débarquer à la Pointe-à-Pitre et à la Basse-Terre des familles entières de fugitifs.

L'éruption du 30 août a fait de nouvelles victimes. 1.060 tués et 1.500 blessés, tel a été le nouveau bilan mortuaire. Que compte faire le gouvernement en présence des éruptions multiples du Mont-Pelé qui continue de menacer l'île entière ? Saint-Pierre était le centre vivant de la colonie ; c'était là que se concentraient le commerce, l'industrie, en un mot toute la richesse de l'île. La fortune de la plupart des Martiniquais était à Saint-Pierre, de sorte que la ruine, là-bas, sera générale et irrémédiable, puisqu'il est impossible de supposer que la ville puisse jamais être rebâtie. Ne faudra-t-il pas se

résoudre à abandonner l'île devenue un sujet
de craintes continuelles ?

Cette évacuation occasionnerait des dépenses considérables. D'après les calculs faits
jusqu'à présent elle coûterait trois cents
millions environ. Un tel chiffre qui, au
premier abord, peut paraître exagéré, se jus-
tifie sans peine lorsqu'on songe qu'il faudrait transporter et répartir les 150.000 habitants de la Martinique dans différentes
colonies, fort éloignées les unes des autres.
Quatre colonies paraissent spécialement dési-
gnées pour recevoir les malheureux réfugiés
de la Martinique. C'est tout d'abord la Guadeloupe, distante de quelques heures seulement, puis la Guyane et enfin Tahiti et la
Nouvelle-Calédonie. On remarquera que ces
deux dernières colonies sont situées fort loin
de la Martinique ; néanmoins, pour maintes
raisons, elles paraissent bien appropriées à
la circonstance. Il est donc plus que proba-
ble que ce sera vers ces quatre colonies que
l'on dirigera l'émigration, au cas où une éva-

cuation de la Martinique serait jugée indis-
pensable.

Espérons que le nouveau gouverneur sera
moins optimiste que ce pauvre M. Mouttet
qui a payé de sa vie sa témérité, en ne voulant pas se rendre compte du danger.
Quand le 2 mai il a vu la sucrerie Guérin
détruite par la première éruption, il aurait
dû s'émouvoir davantage et comprendre que
le danger devenait menaçant.

En prêchant l'exode aux habitants il aurait
pu éviter cette terrible hécatombe, et peut-
être n'aurait-on eu à déplorer que la perte
des 150 personnes employées à la sucrerie
Guérin. Hélas ! le sort en a décidé autrement.

M. Lemaire, qui a pris la succession de
M. Mouttet, a rempli les fonctions de directeur des affaires indigènes au Sénégal, et de
secrétaire général à la Nouvelle-Calédonie
et à Tahiti. Dans cette dernière colonie, il fit
pendant plusieurs mois l'intérim du gouvernement. Dans tous ces différents postes,

M. Lemaire s'est fait apprécier par la fermeté de son caractère, par ses qualités d'administrateur, et par son dévouement à la cause coloniale.

Le 27 décembre, une nouvelle éruption se produisit, le volcan lança des cendres à une grande hauteur. Les cendres provenant du Mont Pelé et appportées à l'embouchure de la Rivière Blanche avaient 115 degrés deux heures après leur projection.

Le désastre de l'île Saint-Vincent Antilles anglaises.

Les éléments volcaniques se sont déchaînés en même temps sur les Antilles anglaises. L'Ile de Saint-Vincent a été aussi le théâtre d'un drame émouvant.

La première éruption de la soufrière s'est produite le 8 mai, elle dura neuf jours, et fut accompagnée d'un violent coup de tonnerre et d'éclairs, suivis bientôt d'un grondement terrible et ininterrompu. Des colonnes de fumée de plus en plus épaisses s'élevèrent. Il y eut d'abord comme une grêle de scories, puis une pluie de poussières s'abattit sur tout le voisinage, causant de graves dégâts.

Il y a eu deux pieds de poussière dans les rues de Château-Bel-Air et un pouce dans celles de Kingston. Il tomba aussi de gros cailloux et dans le district de Georgetown on ressentit une violente secousse de tremblement de terre. Une obscurité complète régna de quatre heures de l'après-midi à minuit.

C'était un spectacle horrible. Le volcan semblait éprouver comme des convulsions atroces : un tremblement le secouait de haut en bas, et, après chaque convulsion, au milieu de rugissements indescriptibles, une nouvelle quantité de lave, de feu et de fumée était vomie par les cratères. Le rugissement était entendu à plus de 200 kilomètres de distance de Saint-Thomas à la Trinité, c'est-à-dire dans tout l'archipel des Petites-Antilles. D'après un officier de marine, témoin oculaire et qui avait à sa disposition des instruments spéciaux, la colonne de feu, de vapeur et de fumée, vomie par ces cinquante heures par la Soufrière avait un diamètre de cent mètres *et une hauteur de trente-huit kilomètres.* Au pied du volcan, dans la direction du Château-Bel-Air, plusieurs torrents de lave, vomis par les premières éruptions, se sont solidifiés. Un ravin profond qui existait entre Langly Park et Rabacci a été comblé par la lave. De nombreuses personnes ont été écrasées à 12 ou 15 kilomètres du cratère par des pierres énormes. L'une de ces pierres a tué d'un coup vingt-six personnes qui s'étaient réfugiées dans une maison. *Parmi les débris on trouva une quantité de poissons sans yeux, tous d'un blanc jaunâtre,* longs de 10 à 15 centimètres. Le comte Fitzjames dit avoir vu dans une maison non incendiée, une petite fille de dix ans, surprise par la catastrophe au moment où elle jouait à vêtir une poupée. Le corps de la fillette était entièrement nu et presque intact, tandis que toutes les pièces d'étoffes étaient carbonisées,

Toute la population de race caraïbe qui peuplait le nord de l'île a succombé. Pour retrouver quelques représentants de la race qui peuplait les Antilles avant l'arrivée de Christophe Colomb et des Espagnols, il faudra désormais s'adresser à la Dominique et à Sainte-Lucie, où de rares familles indigènes se sont réfugiées.

2.700 personnes ont péri, pour la plupart Caraïbes, 3.000 ont été blessées, 2.000 chevaux, mulets, ânes et bétail ont été tués. En bétail et en récoltes, la colonie a perdu environ pour 7 millions de francs. Il faudra ajouter à cette somme la valeur des immeubles détruits (usines, moulins, etc.), et la valeur de la récolte en sucre, cacao et amidon.

A Londres le Colonial office a envoyé cent livres sterling de provisions. Le roi Edouard a donné 10.000 fr. pour la souscription nationale qui a dépassé 625.000 fr. Parmi les donateurs, le prince et la princesse de Galles ont souscrit pour 6.250 francs, et lord Salisbury pour 2.500 francs.

Le 15 mai, la Soufrière était encore en
pleine éruption. Le 19, le volcan entrait de
nouveau en activité ; la lave coulait par torrents, tandis que la poussière s'abattait en
une pluie aveuglante.

Les 17 et 21 juillet de nouvelles secousses
ont été ressenties.

Le 23, nouvelle série de quatre secousses
qui se succédèrent en moins de trois minutes
et qui achevèrent la destruction de la ville,
on vit la mer se retirer soudain de plus de
cent mètres du rivage, où elle resta pour
ainsi dire immobilisée pendant plusieurs
minutes. Une heure après le retrait du flot,
la surface fut couverte de cadavres de poissons d'espèces inconnues.

A Kingstown, plusieurs maisons furent
endommagées. Partout, les meubles furent
déplacés ou jetés à terre ; la vaisselle réduite
en miettes. La population, prise d'une terreur folle, se précipita sur le rivage de la mer.

Le 3 septembre, nouvelle éruption de la
soufrière de Saint-Vincent, qui dura de neuf

heures du soir à cinq heures du matin. Les rivières dont la source était située dans les contreforts de la Soufrière se sont transformées en fleuves de lave. Les explosions du volcan étaient terribles ; elles se succédaient à de courts intervalles. Le ciel formait comme une calotte de ténèbres impénétrables recouvrant les jets de flamme et de fumée qui jaillissaient du cratère. Des globes de feu s'élançaient du gouffre, s'élevaient très haut pour faire explosion en répandant des nuées d'étincelles. Une colonne de feu s'élançait du cratère. Des éclairs innombrables sillonnaient l'air simultanément autour des nuages de vapeur qui planaient au-dessus du cratère. La cendre tombait en abondance.

La rivière Rebecca n'était qu'un torrent de feu de 4 à 500 mètres de largeur. On voyait sur la mer d'immenses quantités de poissons morts qui formaient à la surface des traînées de plusieurs kilomètres de long. Ces poissons avaient été tués par les éruptions sous-marines. Le gouverneur de Saint-Vincent, sir Robert Llewellyn, dit que le nombre des cadavres retrouvés a été de 1.295.

Les 6 et 19 octobre nouvelles éruptions, et enfin le 6 novembre. Loin de se combler comme il arrive aux autres volcans après plusieurs éruptions violentes, la cheminée de la Soufrière s'élargit et devient plus profonde à chaque décharge sismique.

D'après le minéralogiste de King's Collège de Londres, la matière vomie par la soufrière de Saint-Vincent doit être évaluée à 50 trillions, 782 millions, 504 mille tonnes.

L'île de Saint-Vincent appartient au groupe des petites Antilles-du-Vent. Elle est située à 95 milles environ de la Barbade. Elle fut découverte le 22 juin 1498 par Colomb, qui lui donna le nom du saint dont c'était la fête ce jour là. En 1660, en vertu d'un traité passé entre les Anglais, les Français et les Caraïbes, indigènes des Antilles, elle fut assignée à ces derniers comme résidence. Vers le milieu du xvii° siècle, l'île de

Saint-Vincent fut envahie par des nègres afri-
cains, à la suite de circonstances mal établies.
Au commencement du xviiiᵉ siècle, ces
nègres, ayant été renforcés par d'autres
nègres venus des Barbades, voulurent se rendre maîtres de l'île. Ils refoulèrent les Caraïbes au nord de la colonie. Ceux ci implorè-
rent notre secours. En 1719, nous débar-
quions à Saint-Vincent et, après de gros
efforts, en prenions possession. En 1763,
nous abandonnions la colonie à l'Angleterre
pour la reconquérir quelques années plus
tard, en 1779. A la suite du traité de Paris,
en 1783, nous cédions pour la seconde fois
Saint-Vincent à l'Angleterre. Deux années
après, les Caraïbes qui avaient toléré notre
domination se révoltèrent contre celle des
Anglais. Ils triomphèrent tout d'abord, puis
furent vaincus et exterminés. Comme on le
voit, la France joua un grand rôle dans l'histoire de Saint-Vincent. L'île de Saint-Vincent est de forme circulaire. Elle est traversée au nord par une chaîne de montagnes

atteignant, avec le cratère du mont Garou, 1.570 mètres d'altitude. Autour de ce massif montagneux sont de riches vallées, d'un aspect enchanteur, couvertes de plantations de cannes à sucre, cacaoyers et autres cultures tropicales. La capitale de Saint-Vincent est Kingstown, charmante ville qui, comme Saint-Pierre, s'étale au bord de la mer, aux pieds de hautes montagnes volcaniques La grande industrie de Kingstown est, de même qu'à Saint-Pierre, celle du rhum.

Saint-Vincent a toujours été de beaucoup le foyer volcanique le plus énergique des Îles sous-Le-Vent depuis les temps historiques. En 1718, la Soufrière est littéralement éventrée, l'île entière est couverte des débris de l'ancien cratère. En 1812, nouvelle éruption que l'on entend jusque sur les côtes de l'Amérique du Sud. La garnison des Barbades croyant à un combat entre les flottes françaises et anglaises prépare les batteries et se tient prête à l'action. Kingstown, la capitale, compte **43.039** habitants, l'île est parcourue du Nord au Sud par une chaîne de volcans dont les sommets principaux sont : le Morne-à-Garon, haut de **1.200** mètres ; le Grand-Bonhomme, de **1.000** mètres ; le Saint-Andrew, qui s'élève seulement à **630** mètres et la Soufrière dont le cratère principal est à **1.130** mètres de hauteur. Le volcan de la Soufrière a tout ravagé autour de lui dans sa dernière éruption ; mais bien que les matières qu'il a lancées soient plus abondantes que celles vomies par le mont Pelé, les victimes qu'il a faites sont moins nombreuses parce que la population n'était pas aussi agglomérée qu'à Saint-Pierre. Le pays sur le littoral de l'Est, entre Bobin-Rock et Georgetown, semble avoir été dévasté de la même façon que Saint-Pierre, tous les habitants ont péri, soit environ **1.600** personnes.

Sur deux points de l'île, des fonds de lacs desséchés se sont transformés en puits d'eau bouillante. De nombreux habitants sont morts de soif et de brûlures. Un grand nombre n'ont pu s'enfuir assez rapidement et ils ont été atteints par le débordement de la Soufrière. Saint-Pierre et Saint-Vincent se sont unis dans le malheur.

Histoire de la Martinique « la perle des Antilles ».

C'est Christophe Colomb qui découvrit la Martinique en 1502. Le drapeau français y fut planté le 1er septembre 1635 par un normand des environs d'Yvetot, Pierre Belain d'Esnanbuc, au nom de Louis XIII et de Richelieu.

D'Esnanbuc prit possession de l'île et défit à plusieurs reprises les Indiens Caraïbes, provenant d'une migration de peuplades de l'Amérique du Sud et qui avaient détruit ou chassé les populations indigènes des Antilles. Les Caraïbes, quoique de mœurs douces, étaient d'excellents guerriers ; il fallut de longues années de luttes très sanglantes pour

les réduire ou plutôt pour les faire disparaître : après une trentaine d'années, il n'en
restait presque plus à la Martinique. L'exploitation de l'île se faisait par la « Compagnie
des îles d'Amérique ». Toutes les petites
Antilles et Saint-Domingue étaient occupées
par les Français, et, encore aujourd'hui,
dans presque toutes ces îles, la langue française est restée dominante.

La « Compagnie des îles de l'Amérique »,
ayant fait de mauvaises spéculations, vendit
la Martinique et quelques petites îles avoisi-
nantes pour une somme de 60.000 livres à un
nommé Duparquet. Quelques années plus
tard Colbert fit racheter les îles vendues à des
particuliers et les donna à la nouvelle « Compagnie des Indes orientales ». En 1674, la
Guadeloupe, la Martinique et les autres îles
françaises furent réunies au domaine de la
couronne de France.

Les Anglais et les Hollandais essayèrent
plusieurs fois de s'emparer des Antilles françaises. La Martinique subit plusieurs assauts.

En 1666, une armée anglaise essayant de débarquer en face des pitons du Carbet, fut repoussée ; l'année suivante, une nouvelle tentative contre la ville de Saint-Pierre ne fut pas plus heureuse.

L'amiral hollandais Ruyter y débarqua peu après 6.000 hommes, commandés par le comte de Styrum ; mais il fut obligé de se retirer précipitamment, abandonnant ses blessés et l'étendard même du prince d'Orange.

En 1693, une troupe de 3.000 Anglais débarqua entre Saint-Pierre et le Prêcheur : elle fut repoussée par les milices locales et les nègres, perdit ses bagages et près de 1.000 hommes.

Le traité d'Utrecht (1713) qui termina la Guerre de la Succession d'Espagne et nous fit perdre, au profit de l'Angleterre, Terre-Neuve, la Baie d'Hudson, l'Acadie, nous laissa nos Antilles et nous valut Tabago ; mais, à la suite de la Guerre de Sept Ans, le traité de Paris (1768) ne nous laissa que la Martinique, la Guadeloupe et ses dépendan-

ces, Sainte-Lucie et Saint-Martin ; avec la
Dominique, Saint-Vincent, Grenade, Tabago,
passaient aux Anglais, ainsi que le Canada, la
Nouvelle-Ecosse, le Cap Breton. Le traité de
1814 sanctionna la spoliation de notre domaine
colonial ; Sainte-Lucie fut définitivement
perdue, comme Tabago, et passa aux mains
des Anglais avec, dans l'Océan Indien, l'Ile
de France (aujourd'hui Maurice).

La Révolution de 1789 fut marquée aux
Antilles comme en France par des luttes inté-
rieures entre royalistes et patriotes : tous les
hommes libres, sans distinction de couleur,
furent appelés à l'exercice de droits politi-
ques. Avant la Révolution de 1789, nos colonies des Antilles étaient des plus prospères.
Quantité de grandes familles françaises y
étaient représentées, mais à des degrés différents, qu'on marquait alors en disant : « Les
gentilshommes de Saint-Domingue », « les
chevaliers de la Martinique » et « ces messieurs de la Guadeloupe ». En janvier 1794,
quelques aristocrates de l'île, ruinés par l'ex-

tension coloniale de la Révolution, appellent l'Anglais... Quinze vaisseaux de ligne surgissent aussitôt devant la côte : les aristocrates les attendent, guident leur débarquement. Mais la République est vivante à la Martinique, et la République c'est Rochambeau ; pendant trente-deux jours, la lutte se poursuit ; le **22** mars, à bout de ressources, le général capitule. Mais la France a des racines trop profondes dans cette terre si souvent reconquise. Impuissante à la nationaliser, l'Angleterre la rend en 1802.

En 1809, une flotte anglaise débarqua 15.000 hommes ; l'inutile résistance de Fort-Bourbon dura vingt-sept jours. En 1815, la Martinique rentra définitivement sous la domination française.

Schœlcher et Cochinat ont amené la révolution à la Martinique en 1848, et des horreurs y ont été commises par les hommes qu'ils avaient excités à la révolte.

La Martinique a été héroïquement défendue, il y a un siècle, par le général de

Rochambeau, fils du maréchal dont on a célébré la mémoire aux Etats-Unis. On trouve encore à la Martinique des descendants de la famille de Michel de Montaigne, des Eyquem de Montaigne et des Duquesne, de la famille du célèbre marin ; des Traversay, des Tou-chembert, qui sont de la même famille ; des Pottier de Courcy, des Lagarrigue, des Lepel-letier de Saint-Rémy, des Lepelletier de Rosembeau et des Bourdillon de La Platière, de la famille du maréchal ; Mme de Bonne-val, morte au Bazar de la charité en 1897, était de cette famille. Il faut citer parmi les familles d'anciens colons, les de La Roche, Cornette de Saint-Cyr, de Grandmaison, du Chaxel, de Solms, de Cools, Anquetil de Beau-regard, de Sannois, de Maynard, de Feyssal, de Leyritz, de Bocandé, de Gentile, de La Rougerie, de Gage, de Paze, de Rancé, famille du célèbre abbé de Rancé, réforma-teur de la Trappe ; d'Acier de Pompignan, Cornet de Venancourt, de Saint-Cyr-Mont-laur, des Grottes, de Périnelle, Papin du

Pont, de Catalogne, de Fabrique de Saint-Ours, Rufz de Lavison, de l'Epinay, O'Neil de Tyrone, de Montigny, L'Hôtelier. La famille de La Jaille, qui a donné à la France deux généraux et un amiral actuellement sénateur, est de la Martinique. Les Sainte-Claire-Deville, les deux savants célèbres, étaient nés à Saint-Thomas, où leur famille, qui était de la Martinique, s'était réfugiée pendant l'occupation anglaise. Le docteur Le Dentu, de l'Académie de médecine, est originaire de la Martinique, comme l'étaient les généraux Brière de L'Isle, de Vassoigne, Reboul, Béjin, Bossant et l'amiral Pothuau. Le général de Sonis était originaire de la Guadeloupe. Le capitaine de vaisseau de Surgy, qui a conduit la mission française aux Etats-Unis, à bord du *Gaulois*, est de la Martinique.

L'impératrice Joséphine, née à la Martinique, descendait de Belain d'Esnanbuc et de ses neveux les Dyel de Vaudroques et de Graville. De grandes familles comme les

Polignac, les Fitz-James et les Choiseul possédaient des biens à la Martinique.

L'Ile a environ 80 kilomètres de longueur
et 30 de largeur. Sa superficie est de 99.000
hectares ; elle équivaut à peu près à la
530ᵉ partie de celle de la France. Le relief
de la Martinique affecte un aspect particulier
dû à sa nature volcanique. La montagne
Pelée a 1.350 mètres d'altitude ; les pitons
du Carbet, parties séparées d'un même volcan, s'élèvent à 1.207 mètres ; le morne
Jacob a 700 mètres, le morne Larcher 478
mètres, la montagne du Vauclin 505 mètres,
le mont Conil, les pitons Pierreux (596
mètres), Balata (597 mètres), Carbet (1.207
mètres), les mornes Saint-Gilles (522 mètres),
Diamant (478 mètres). L'île est divisée en
deux arrondissements dont les chefs-lieux
sont Fort-de-France et Saint-Pierre. L'arrondissement de Fort-de-France comprend
5 cantons et 16 communes. La ville est le
chef-lieu de la Martinique. Elle s'appelait

autrefois Fort-Royal et a changé de nom en 1802. C'est la résidence du gouverneur.

La Martinique située au centre du groupe des petites Antilles, entre les deux îles anglaises de Sainte-Lucie et de la Dominique, a une population de 189.599 habitants dont 6.112 étrangers.

Baignée à l'est par l'Océan Atlantique, à l'ouest par la mer des Antilles, l'Ile est admirablement située sur la route de l'Europe à Colon ; elle est aussi une des escales naturelles entre New-York et les ports de l'Amérique du Sud et le percement du canal interocéanique doit lui donner une importance considérable.

Des montagnes descendent 75 rivières que grossissent de nombreux ruisseaux. Les principales sont : au vent de l'île, c'est-à-dire à l'Est, le Lorrain, qui se jette dans la mer en deux bras très distincts : le Lorrain et le Masse ; le Galion ; la Capote, grossie de la Falaise ; la rivière de Macouba ; la rivière de la Grande-Anse et la rivière de Sainte-Marie.

Sous le vent de l'île, c'est-à-dire à l'Ouest, la Rivière-Salée ; la Lézarde ; la Jambette ; la Rivière-Monsieur ; la Rivière-Madame, qui passe à Fort-de-France ; la rivière du Carbet ; la rivière du Fort Saint-Pierre, qui passe à Saint-Pierre, et la rivière du Case-Navire. Cette île n'a guère que l'étendue d'un simple arrondissement de France.

C'est un mouchoir de poche — mais un mouchoir de dentelles. On raconte, en effet, qu'un amiral anglais, voulant donner au roi Georges II une idée de la configuration tourmentée de la Martinique, prit une feuille de papier qu'il chiffonna brusquement, en la rejetant toute informe sur la table : « Sire, dit-il, voilà la Martinique ». Aucune île n'est d'un dessin plus original ; les profondes échancrures de son pourtour, qui forment une multitude de rades, d'anses et de havres, se prolongent au milieu des terres comme des estuaires, et communiquent avec les rivières de l'intérieur.

Les animaux domestiques de la Martinique sont ceux qui ont été introduits par les Européens, et dont les espèces semblent avoir perdu sous le rapport de la force et de la taille. Ce sont les chiens, les chats, les bœufs, les ânes, les chevaux, les mulets, les moutons, une espèce de chèvre à poil ras qu'on appelle cabri et les porcs. Les lapins ne s'y trouvent qu'à l'état de domesticité. Parmi les quadrupèdes indigènes qui existent encore à la Martinique, nous nommerons le manitou, espèce de sarigue de petite taille, exhalant une mauvaise odeur que ne partage pas sa chair, assez bonne à manger ; l'agouti, gros comme le manitou, animal qui tient à la fois du rat et du lapin et dont le grognement est pareil à celui du cochon ; sa chair a un goût sauvage, néanmoins on la mange ; le rat musqué de même forme, mais plus gros que le rat d'Europe. Les rats et les souris, venus de France dans des caisses de marchandises,

se sont tellement multipliés qu'ils sont souvent
le fléau des habitations. Les insectes sont
très nombreux, et quelquefois fort incommo-
des ; tels sont la fourmi, la chique, le scor-
pion, la scolopendre, les moustiques, les
maringouins, le cancrelat. Les oiseaux
domestiques sont les mêmes qu'en Europe ;
on trouve la perdrix et la tourterelle, dont les
espèces sont très variées ; des ortolans, des
grives, des pigeons ramiers, un oiseau qu'on
nomme l'oiseau-diable et qui, semblable aux
tadornes, niche dans les terriers. Si les per-
roquets et les perruches ont disparu, on
trouve encore une belle espèce de pie à bec
et à jambes rouges, à croupion jaune et toute
rayée de bleu et de blanc. Parmi les petits
oiseaux on admire le colibri et l'oiseau-mou-
che aux vives et éclatantes couleurs. On rencontre les chats-huants et un grand nombre
de chauves-souris. Les oiseaux aquatiques
sont nombreux ; les plus remarquables sont :
le flamant, au plumage écarlate ; le grand-

gosier ou pélican, la frégate, le héron-cra-
bier, qui vit de crustacés.

Parmi les reptiles : l'iguane, le lézard, plusieurs espèces de serpents et de couleuvres
dont la morsure est mortelle. Les crustacés
sont nombreux, on distingue : le crabe violet,
le crabe tricolore, le tourlourou ; les crabes
des montagnes sont les plus curieux de ces
animaux, ils vivent en société dans les mornes, et lorsque l'hivernage arrive, ils descendent en troupes à la mer. Les côtes sont
poissonneuses ; on y pêche le dauphin, le
souffleur, le marsouin, le lamentin, le requin,
la bécune, l'espadon, le poisson-volant, la
bonite, la galève ; les tortues, les homards
et les huîtres se trouvent sur les côtes.

A la Guadeloupe, qui nous coûte quatorze
millions par an, la vie est devenue très difficile pour les blancs ; à la Martinique, qui ne
nous coûtait rien, les blancs se défendaient
mieux, mais c'est à peine s'il reste six à huit
mille vrais créoles sur une population de
deux cent mille habitants. La population blan-

che de la Martinique comptait douze mille âmes, il y a un siècle, elle a diminué de près de moitié depuis cette époque, bien que les familles créoles soient toujours nombreuses. C'est donc que la prépondérance des noirs et des mulâtres a peu à peu découragé les créoles, qui sont allés ailleurs ou sont revenus à la métropole. La Martinique compte 150.000 nègres, descendants des esclaves. Ces nègres ont emprunté certains usages aux blancs, ainsi qu'un idiome spécial, la « langue créole », qui est un français corrompu. C'est une imitation instinctive des sons et des constructions de la langue française : le nègre écoute et reproduit de son mieux les intonations saisissantes. Une semblable transmission entraîne une atténuation et des pertes de sons qui rendent les mots presque inintelligibles, d'autant plus que la conformation buccale, les lèvres, le palais, le pharynx des Français et ceux des nègres offrent une dissemblance absolue.

Ce sont les cultures qui forment la princi-

pale renommée de la Martinique ; elles se
divisent en trois grandes catégories : 1° la
canne à sucre ; 2° les cultures vivrières, comprenant le manioc, la patate, l'igname, la
banane, les légumes et les fruits divers ; 3° la
culture secondaire, comprenant le café, le
cacao et le tabac. Sur les 98.800 hectares de
l'île, on en compte 47.000 cultivés, dont
20.000 en canne à sucre. Jusqu'à 1886, cette
dernière culture augmentait tous les ans ;
elle occupait 18.565 hectares en 1867,
19.623 hectares en 1877, 28 450 hectares en
1886, mais, depuis cette année, par suite
de la crise sucrière, il s'est produit un mouvement de recul qui l'a fait tomber en 1887,
à 21.300 hectares et c'est au dessous de ce
niveau qu'elle s'est maintenue depuis lors.
La Martinique n'a pas eu, cependant, à lut-
ter contre la maladie de la canne, qui a fait
de si grands ravages à la Réunion, mais en
présence du bas prix du sucre, les produc-
teurs ont réservé leurs ressources pour les
terres fertiles et ont renoncé à faire la canne

sur les terres d'une culture douteuse, soit par leur éloignement, qui entraîne des frais de transports élevés, soit en raison de l'appauvrissement du sol, qui exige beaucoup d'engrais. Tandis que la culture de la canne tendait à se restreindre, les cultures vivrières progressaient considérablement : elles n'occupaient que **12.732** hectares en **1867** ; elles passaient à **13.423** hectares en **1877**, à **17.146** hectares en **1887** et se sont maintenues à ce niveau.

La culture du café de La Martinique, d'une qualité si appréciée, ne date que de **1723**, époque à laquelle M. Desclieux importa le premier plant de caféier dans la colonie. Cette culture succédait, en quelque sorte, à celle du cacaoyer, dont presque tous les plants avaient été détruits dans le tremblement de terre de **1727** et qui n'a jamais retrouvé son importance primitive.

Les forêts ne sont guère exploitées, à cause de la difficulté des transports. Au point de vue des bestiaux, on trouve à la Martinique environ 25.000 bœufs, 20.000 porcs, quelques milliers de chevaux et de mulets. L'exploitation minière n'existe pour ainsi dire pas.

Au point de vue industriel, il existe à la Martinique : 20 usines à sucre de canne, de nombreuses fabriques de rhum, 15 distilleries de tafia, avec une fabrication journalière moyenne de 30 ohectlitres, une tonnellerie, une savonnerie, deux tanneries, une vermicellerie, quatre glacières, quatre chocolateries, deux fabriques de liqueurs, une minoterie, etc.

Le mouvement commercial de la Martinique, qui avait été longtemps stationnaire, a bénéficié, pendant les années 1899 et 1900, d'une amélioration sensible. Jusqu'à 1887, il oscillait entre 28 et 30 millions à l'importation et 24 et 28 millions à l'exportation ; c'étaient à peu près les mêmes chiffres qu'avant l'abolition de l'esclavage ; en effet, en 1845, les importations atteignaient 25.800.000 fr. et les exportations 24.400.000 fr. En remontant cinquante ans en arrière, on retrouve encore les mêmes proportions ; en 1790, les importations et les exportations réunies s'élevaient à **43.638.000** francs.

Mais, à partir de 1887, par suite de l'avilissement du prix du sucre, le commerce de la colonie a faibli ; en 1887, les importations n'ont été que de **23.461.450** fr. et les exportations de **20.859.310** fr. Les exportations, qui avaient sensiblement diminué jusqu'en 1897, se sont relevées, pendant les trois années suivantes, pour atteindre **27.160.890** francs en 1900, chiffre qui dépasse de **3** millions 700.000 fr. celui de 1888. Dans ces derniers chiffres, le sucre entre pour 10 millions ; les boissons (rhums et tafias) pour 7 millions. Aux importations, nous trouvons également pour les trois dernières années une augmentation assez sensible qui prouve que la colonie se relevait de la crise subie en 1887 La part de la France dans le commerce de la Martinique est assez importante, mais nous lui achetons plus que nous ne lui fournissons : en 1890, nous avons fourni le tiers de ses importations et, en 1900, cinq douzièmes ; par contre, nous avons reçu en 1890 les 94 0/0 de l'exportation et en 1900, les 91 0/0. Le commerce était fait en grande partie par la ville de Saint-Pierre.

Au point de vue budgétaire, la situation de la Martinique n'a cessé de s'améliorer, car la colonie s'est rendue de plus en plus indépendante de l'aide de la métropole ; les dépenses, qui atteignaient 5.369.000 francs en 1897, avec une subvention de 2.638.000 fr., ont été de 6 545.000 francs en 1900 ; le chiffre de la subvention n'était plus que de 618.000 francs en 1901. Le mouvement maritime de la Martinique, attribué du reste presque tout entier à Saint-Pierre, était d'environ 553 navires et caboteurs, d'une jauge totale de 316.216 tonneaux important pour 24.000.000 de francs de marchandises. Pour l'exportation, la moyenne annuelle était de 576 navires et caboteurs jaugeant ensemble 319.643 tonneaux et important 22.000.000 de francs de marchandises. Les principaux pays avec lesquels Saint-Pierre était en relations sont la France et les colonies françaises, les Etats-Unis, l'Angleterre, Porto-Rico, Cuba, Santo-Domingo, Haïti et le Venezuela. Saint-Pierre exportait surtout en France, mais plutôt par la voie de Bordeaux que de Marseille, le sucre d'usine, le sucre brut, le rhum et tafia, le vin d'orange, les liqueurs des îles, le cacao en fèves, peu de café, l'indigo, les peaux, etc. Les principales communications maritimes de la colonie avec les différentes contrées, avec point d'attache à Saint-Pierre, étaient avec la Compagnie Transatlantique : la ligne de Saint-Nazaire-Colon, desservie par la *France*, le *Saint-Germain*, le *Lafayette* ; la ligne du Havre-Bordeaux-Colon, desservie par le *Canada*, le *Labrador*, le *Saint-Laurent* ; la ligne de Cayenne (annexe) desservie par le *Saint-Domingue* ; la ligne de Marseille-Colon, desservie par le *Ferdinand-de-Lesseps*, le *Fournel* et l'*Alexandre-Bixio* ; la ligne annexe de Fort-de-France à Port-au-Prince, desservie par le *Salvador* et la *Ville-*

de-Tanger. Deux lignes anglaises coopé-
raient à ce mouvement de navigation : la
Royal Mail Steam Packet et la Quebec Steam
Ship.

Elle est belle et pleine d'attraits, cette île
de la Martinique. Là, le ciel, toujours bleu,
a l'éclat du saphir, et l'air, toujours vibrant,
s'embaume de senteurs délicieuses. Étagée
en amphithéâtre sur les flancs de la montagne où couvait le feu qui devait l'anéantir, la
ville de Saint-Pierre offrait, hier encore, un
spectacle charmant aux regards du voyageur,
lorsque, venant de la haute mer, il entrait
dans le port animé. Et quand il franchissait le
seuil de la cité, tout l'enchantait. Les jardins
et les vergers d'où s'épanchait un flot de par-
fums, les cocotiers qui frissonnaient au
souffle de la brise, le riant aspect des maisons, l'engageante hospitalité des habitants,
la grâce et la gaîté des créoles — tout le
tenait sous le charme.

Eh bien ! malgré ce péril toujours menaçant, l'Européen se laisse séduire par l'en-

chantement du climat et jouit en dilettante de tout ce que la nature a groupé autour de lui pour la joie délicate de ses sens Ce charme de la Martinique est si exquis si pénétrant que les premiers habitants des Antilles avaient imaginé, pour l'expliquer, une poétique légende. Ils attribuaient le charme de leur archipel aux fées de la mer, qui secouaient au-dessus des ondes leur chevelure parfumée pour attirer les pêcheurs au milieu des écueils où elles cachaient leurs palais enchanteurs e t perfides.

La Martinique était reliée à l'Europe par deux câbles, l'un anglais, l'autre français. Le câble anglais atterrissait à Fort-de-France et le câble français après avoir desservi la Guadeloupe aboutissait à Saint-Pierre et à Fort-de-France.

Quelques instants ont suffi pour anéantir les **25.792** habitants qui résidaient à Saint-Pierre, et les **5.000** que comptaient les localités voisines.

Fort-de-France, jadis connu sous le nom

de Fort-Royal, a été fondé par un normand, Caqueray de Valmentières. La ville fut détruite en 1839 par un tremblement de terre et rebâtie avec des voies bien alignées.

Autant Saint-Pierre était une ville où la vie était chaude, ardente et fiévreuse, autant Fort-de-France est une cité froide, c'est la capitale des fonctionnaires, des employés de bureau.

Les deux villes étaient divisées par des questions irritantes de personnes. Saint-Pierre et le Nord de l'île appartenaient à un parti ; l'autre reste maître du Sud et de Fort-de-France. Chacune des deux villes a son député ; chaque député a son journal ; chaque journal a son parti. La lutte est devenue si ardente qu'elle prime tout, pendant que l'industrie et le commerce sont en souffrance. Les députés sont : MM. Gérault-Richard et Denis Guilbert, le sénateur, M. Knight.

Fort-de-France, chef-lieu de l'île, est le siège du Gouvernement. La ville située au fond d'une baie a un port excellent, un bassin de radoub de 128 mètres de long sur 34 de large.

C'est le centre militaire et l'Arsenal des Antilles françaises ; c'est le lieu de rendez-vous des navires de guerre et le point d'escale des navires transatlantiques, où les lignes secondaires viennent se rattacher à la ligne principale ; des télégraphes sous-marins rattachent Fort-de-France à Port-of Spain dans Trinidad, à Surinam dans les Guyanes et par Basse-Terre, à Saint-Thomas, à l'Amérique du Nord et à l'Europe.

La ville de Saint-Pierre fut fondée en juillet 1635 par d'Esnambue, capitaine général de l'île de Saint-Christophe, dans le voisinage du Carbet des Caraïbes, où la tradition fait descendre Christophe Colomb en 1502, lors de la découverte de l'île. Menacée en 1654 par les Caraïbes ; préservée des Anglais en 1666 par un ouragan qui détruisit la flotte de l'amiral Willoughby ; infructueusement attaquée l'année suivante, pendant dix jours, par celle de l'amiral Harmant, elle repoussa encore une descente des Anglais en 1693. Dans le siècle suivant, elle subit trois fois, avec la colonie entière, la domination anglaise, de 1762 à 1763, de 1794 à 1802, de 1809 à 1814.

Saint-Pierre, quoique n'étant plus le chef-lieu officiel de la Martinique, n'en était pas moins la ville la plus importante, la plus commerçante et la plus vivante. Elle était située à 22 kilomètres de Fort de-France ; une route, suivant la mer, reliait les deux villes. En outre, un service de bateaux fonctionnait entre Saint-Pierre et Fort-de-France. Une heure et demie environ suffisait pour se rendre d'une ville à l'autre. Saint-Pierre était divisé en deux quartiers : le Fort et le Mouillage. Ces deux quartiers étaient séparés par une rivière nommée la Roxelane. Tout autour de Saint-Pierre existaient de nombreux villages où logaient les travailleurs employés à la culture de la canne à sucre. La ville était un centre animé, parsemé d'élégantes maisons, entourées de jardins. Depuis que la culture de la canne n'était plus aussi rémunératrice qu'autrefois, Saint-Pierre avait perdu de son éclat.

Saint-Pierre était la seule ville des Antilles possédant un théâtre. Construit au siècle dernier, ce théâtre était aménagé d'une façon très confortable et des troupes de passage venaient fréquemment donner des représentations très suivies par la société et la population. La vie était facile et heureuse dans cette petite capitale, et il suffisait à l'étranger y débarquant d'avoir un mot d'introduction pour qu'il y fût accueilli à bras ouverts. Nul n'est plus hospitalier que le créole. Du moment où vous êtes son hôte, il vous traite comme un membre de sa famille : sa maison est la vôtre ; ses domestiques, vos serviteurs ; et vous prenez leurs habitudes sans y songer.

Dès cinq heures du matin, une ombre se glisse sans bruit dans votre chambre et vous présente une tasse de café noir, accompagné

de ce murmure inlassablement répété jusqu'à
ce que réveil s'ensuive :

« Mi café là, missié ».

C'est le premier acte de la vie créole,
ensuite vient le bain, car chaque maison
possède une piscine.

Les nègres considèrent comme une injure
le mot, nègre, il faut dire « les noirs », le
mot nègre rappelant l'esclavage. Quant aux
créoles, ce sont les mulâtres, alors que les
vrais créoles, ce sont les blancs nés aux colonies. Les vrais créoles sont malheureusement
de plus en plus rares aux Antilles. Les noirs,
les mulâtres surtout, se sont emparés des
fonctions publiques, et le blanc est devenu
presque un paria.

Saint-Pierre donnait au budget local et
aux budgets communaux environ 7 millions
de recettes. Avec Saint-Pierre disparaît le
produit presque entier de la douane. Avec
Saint-Pierre, périt le crédit de la Banque
locale qui avait en circulation 9 millions de
papier fiduciaire en représentation d'effets

dont les signataires, pour la plupart, ne sont que des cadavres méconnaissables Avec les marchandises détruites, avec les récoltes anéanties disparaissent les gages donnés par les emprunteurs. Qu'on n'oublie pas qu'à la Martinique, comme à la Guadeloupe et à la Réunion, les coupures de la Banque locale remplacent le numéraire, drainé au dehors dès qu'il paraît par l'effet de l'élévation du change.

Le Carbet. — La population de ee bourg était de 5.903 habitants. La Macouba, ville de 2 444 habitants, située sur la côte Nord-Est, possédait plusieurs établissements industriels et d'importantes sucreries. La Basse-Pointe, joli bourg de 3.811 habitants. La Trinité, 7.808 habitants, sur la côte orientale de l'île, au fond de la baie formée par la presqu'île de la Caravelle, possède un bon port et est, après Saint-Pierre et Fort-de-France, le point le plus commercial de la colonie. Le Robert, 7.478 habitants, situé au Sud-Est de la Trinité. Le Gros-Morne, commune de

7.440 habitants. On y cultive la canne à sucre et le café. Sainte-Marie, commune de 7.331 habitants, qui, outre le village de ce nom, situé au Nord-Est de l'embouchure de la rivière Sainte-Marie. Le Lamentin, siège d'une Justice de paix. La population était de 13.321 habitants. La Rivière Salée, 2.664 ; le Marin, 2.882 ; le Vauclin, 4.335 ; le Diamant, 2.068 ; le Saint-Esprit, 4.088 ; François, 10.160 habitants.

La population se composait au dernier recensement, de 16.000 noirs, 10.000 créoles et 4.000 blancs (En 1848, on comptait 12.000 blancs). Parmi ceux-ci, beaucoup de Bordelais, Bordeaux étant le point d'arrivée des rhums et tafias de la Martinique, qui se chargeaient à Saint-Pierre.

L'arrondissement de Saint-Pierre comprenait les cantons de Saint-Pierre (Mouillage), de Saint-Pierre (Fort), de la Basse-Pointe et de la Trinité. Les communes sont Saint-Pierre, le Carbet, la Case-Pilote, le Fonds-Saint Denis, le Prêcheur, le Morne-Rouge, la Basse-Pointe, l'Ajoupa-Bouillon, Grand-Rivière, la Macouba, le Lorrain, le Marigot, la Trinité, Sainte-Marie, le Robert, le Gros-Morne. Les seize rhumeries de Saint-Pierre produisaient 10.000 litres par jour ! Le Sénat, s'associant aux paroles émues de son Président, a envoyé à la population de la Martinique « l'expression de son fraternel dévouement et de la sollicitude de la mère-patrie pour ses enfants si durement éprouvés ».

La Chambre, s'associant aux paroles émues de son président, envoie à la population martiniquaise l'assurance de son fraternel dévouement. En témoignage de la sollicitude de la mère-patrie pour ses enfants si durement éprouvés, elle décide de lever sa séance en signe de deuil et ordonne l'affichage du présent ordre du jour dans toutes les communes des Antilles françaises.

Les sympathies des Nations étrangères.

Le deuil qui a frappé la France est

devenu celui de l'humanité ; toutes les rivalités se sont tues devant la douleur qu'il a fait naître. De précieux témoignages d'amitié, aussi bien que de charitables concours, sont venus de tous côtés, ce mouvement de solidarité humaine a été général. Amis et ennemis ont fait assaut de générosité pour adoucir l'effroyable malheur. Saluons avec émotion et respect la mémoire de nos malheureux frères tombés si tragiquement à Saint-Pierre

Dans un bel élan de solidarité, le vieux et le nouveau monde ont rivalisé de générosité pour atténuer par des secours la détresse de nos concitoyens de la Martinique.

C'est de toutes parts, et dans le monde entier, que s'est manifestée la solidarité.

Les puissances étrangères, émues d'un deuil qui ne frappait pas seulement une colonie française, mais dont la redoutable fatalité atteignait l'humanité tout entière, n'ont pas voulu se contenter de manifester leur sympathie par des paroles de douleur et de compassion.

Elles ont fait davantage encore. Elles ont voulu prendre une part réelle à notre malheur, elles ont voulu supporter matériellement quelque chose de la charge qu'une prodigieuse révolution de la nature impose à l'homme, et, de toutes les capitales d'Europe, en même temps que les dépêches de condoléances, sont venus des secours pour le soulagement des victimes.

La Métropole s'est donc émue devant cette infortune d'une de ses filles ; les autres colonies, et l'Algérie la première, se sont émues à leur tour et ont voulu contribuer au soulagement de leur sœur.

Un événement comme celui de Saint-Pierre, en nous rappelant notre misère humaine menacée et vaincue par la force inconsciente et brutale de la nature, en nous donnant conscience des conditions où s'écoule la vie, nous convie de lui-même, par ces voies douloureuses, à la charité et à la fraternité.

Si notre affliction pouvait être diminuée, nous trouverions matière à consolation dans les précieux témoignagnes d'amitié, dans les concours charitables qui nous viennent de l'étranger.

Dès qu'il a eu connaissance du sinistre de la Martinique, l'empereur de Russie a adressé au président de la République un télégramme lui exprimant sa vive et sincère sympathie, ainsi que celle de l'impératrice. Le tsar ajoute qu'il partage de tout cœur les sentiments douloureux que cette pénible catastrophe fait éprouver à la France.

Le gouverneur de la Banque de France a reçu de M. Witte, ministre des finances de Russie, le télégramme suivant :

« S. M. l'Empereur ayant daigné ordonner d'allouer aux sinistrés de la Martinique deux cent cinquante mille francs, je viens vous prier de bien vouloir faire mettre cette somme à la disposition de S. E. M. le président de la République dès son retour à Paris ».

Télégramme que l'empereur Guillaume II

a adressé au président de la République française au sujet de la catastrophe de la Martinique :

Wiesbaden, 11 mai 1902, 10 h. 36 m.

A Son Excellence le Président de la République. Paris.

Profondément ému par la nouvelle de la terrible catastrophe qui vient de frapper Saint-Pierre, coûtant la vie à une population d'un nombre égalant presque celui qui périt à Pompéi, je m'empresse d'offrir à la France l'expression de ma plus sincère sympathie.

Que Dieu le Tout-Puissant soulage les cœurs de ceux qui pleurent des pertes irréparables.

Mon ambassadeur remettra à votre Excellence une somme de 10.000 marks de ma part, pour secourir les affligés.

GUILLAUME, Imperator Rex.

Le président de la République a répondu :

Paris, 11 mai 1902, 3 h. 42 soir.

A Sa Majesté l'Empereur Guillaume II, Wiesbaden.

Très touché de la marque de sympathie

que, dans le terrible malheur qui éprouve la France, Votre Majesté a bien voulu m'exprimer, je vous prie d'agréer mes vifs remerciements, ainsi que la gratitude des victimes que vous vous proposez de secourir.

Emile Loubet.

L'empereur d'Allemagne a offert à notre pays l'expression de sa plus sincère sympathie. Il a pour un instant oublié que nous sommes les irréconciliables, aussi longtemps que l'Alsace et la Lorraine ne nous seront pas rendues !

L'impératrice d'Allemagne avait chargé le comité central des sociétés allemandes de la Croix-Rouge, d'inviter les sociétés à ouvrir des souscriptions destinées à venir en aide aux victimes de la catastrophe de la Martinique.

Le Président Krüger adresse au Président de la République la dépêche suivante, dont nous respectons la forme touchante dans sa naïveté :

Utrecht, **13** mai.

A Son Excellence le Président de la République française, à Paris.

Apprenant qu'il y a encore beaucoup de malheureux survivants du désastre de la Martinique, je veux, quoique à mon grand regret ma main soit raccourcie par mes propres circonstances et celles de mon peuple, néanmoins donner une marque légère de ma sympathie en mettant une somme de 800 fr. à la disposition de Votre Excellence en faveur des victimes.

S.-J.-P. Kruger.

Si la sympathie pouvait se mesurer à la grandeur de l'aide matérielle, c'est vers le peuple américain que devrait se porter surtout la reconnaissance de chacun.

On a vu combien chaleureux ont été les témoignages de sympathie qui nous sont venus de toutes parts au milieu du deuil douloureux dont la France s'est vue frappée. En dehors des télégrammes émus et des dons généreusement offerts à notre affliction, le plus précieux peut-être de tous les appuis aura été l'initiative des Etats-Unis d'Amérique. Ces marques d'amitié nous sont précieuses. Elles créent, entre les deux grandes Républiques, un nouveau lien.

Texte du télégramme envoyé, par le président Roosevelt à M. Loubet :

« Je prie Votre Excellence d'accepter la profonde sympathie du peuple américain en présence de la terrifiante calamité qui vient de fondre sur les habitants de la Martinique ».

. M. Loubet a répondu :

« Je remercie Votre Excellence de l'expression de profonde sympathie que vous m'avez adressée, au nom du peuple américain, à l'occasion de la terrible catastrophe de la Martinique. Le peuple français se joindra certainement à moi pour offrir ses remerciements au peuple américain ».

Le président Roosevelt, dans un message au Congrès, propose l'ouverture d'un crédit de 500.000 dollars pour parer aux frais que nécessiteront les envois de secours et de

vaisseaux de guerre américains aux Antilles.
Dans son message, le président Roosevelt
dit :

L'une des plus grandes calamités dont l'histoire ait jamais fait mention vient de frapper
l'île voisine de la Martinique. Dans sa dépêche, le consul américain Aimes dit qu'il y a un
besoin urgent de toutes sortes de provisions.
Il déclare que la présence de navires de
guerre est impérieusement nécessaire pour
travailler à l'œuvre du sauvetage et du ravitaillement. D'un autre côté le gouvernement
français, tout en nous exprimant ses remerciements pour les témoignages de sympathie
qu'il a reçus d'Amérique, nous informe que
Fort-de-France et la Martinique toute entière
sont encore menacés et il nous demande,
dans le but de sauver la population du péril
si terrible de la famine qui la menace, d'envoyer aussitôt que possible les moyens de
transporter cette population hors de l'île
ainsi frappée. L'île de Saint-Vincent et d'autres îles peut-être de cette région sont aussi

menacées par la calamité qui a revêtu une
forme si épouvantable à la Martinique. J'ai
donné aux départements de la guerre et du
Trésor l'ordre de prendre pour secourir les
populations ainsi frappées toutes les mesures
de secours à la disposition du pouvoir exécutif. Je recommande avec le plus vif empres-
sement à la généreuse considération du Congrès le cas de ce désastre qui est sans
exemple. Je propose l'ouverture immédiate
d'un crédit de 500.000 dollars.

Le maire de Jersey-City a convoqué tous
ses administrés à une réunion à l'Hôtel de
Ville pour recueillir des fonds destinés aux
survivants de la catastrophe de la Martinique.

Le maire de New-York a fait savoir qu'il
sera heureux de recevoir les dons d'argent
pour venir en aide aux survivants de la Martinique.

La Chambre de commerce américaine,
sous la présidence de M. Francis Kimbel,
et de l'Eminent Ambassadeur des Etats-Unis

en France, le général Porter, a ouvert une souscription à Paris.

On voit avec quelle ampleur les Américains de Paris ont pris part au grand mouvement de charité qui s'est produit dans le monde entier.

On soupçonne volontiers les riches d'é- goïsme : les Etats-Unis viennent de montrer qu'ils savent, comme quelques-uns de leurs millionnaires, légitimer leur richesse par l'emploi qu'ils en font.

Ce don généreux des Américains eut un grand et légitime retentissement dans le monde entier. Le comité des familles marti- niquaises s'associa au concert de remercie- ments qui s'éleva du territoire métropolitain et colonial.

M. Delcassé a chargé le consul de France à New-York d'exprimer la cordiale gratitude du gouvernement français à ceux qui ont con- tribué au soulagement des victimes de la Martinique. On a présenté au Sénat la lettre du gouvernement français, que M. Cambon a remise à M. Hay et dans laquelle le président de la République remercie le président, le congrès et la nation américaine de leurs sympathies envers les victimes de la Martinique.

M. Jesup, président de la Chambre de commerce de New-York, a consulté M. Bruwaert, consul de France, sur les moyens d'envoyer des secours à la Martinique.

Le consul lui a répondu que la voie la plus rapide serait d'acheter les provisions qui se trouvent à bord du vapeur *Madiana*, attendu à la Martinique mercredi prochain.

M. Jesup a autorisé le consul à tirer sur la Chambre de commerce pour une somme de 5.600 dollars et a télégraphié aux autorités de la Martinique d'acheter des provisions au capitaine du *Madiana* jusqu'à concurrence de cette somme.

A Rome, la Chambre a approuvé à l'unanimité une proposition par laquelle son président est chargé de transmettre au président du Parlement Français les condoléances de la Chambre Italienne.

A la Chambre des pairs de Lisbonne, M. Mattoso Santos, ministre des finances, chargé de l'intérim des affaires étrangères, a demandé à la Chambre de voter des condoléances à la nation française au sujet de la catastrophe de la Martinique.

A la Chambre des députés, M. Bourgeois a lu des adresses de sympathies des Chambres de Hongrie, Italie, République Argentine, Chili, Uruguay, à l'occasion de cette catastrophe.

En Belgique, notre ministre a reçu du roi, de la famille royale et de M. de Favereau, ministre des affaires étrangères, les plus chaleureux témoignages de sympathie.

Au Parlement allemand, le comte de Ballestrem, président, a exprimé les profonds sentiments de compassion qu'a éprouvés le peuple allemand en apprenant le malheur qui a frappé la nation française dans la catastrophe de la Martinique.

Voici le texte de la dépêche de M. Filding, ministre des finances du Canada, que M. Hector Fabre a communiqué à M. Decrais :

« Voyez le ministre des colonies et exprimez-lui la profonde sympathie du peuple du Canada pour les victimes de l'affreux désastre de la Martinique ; dites-lui que le gouvernement canadien désire contribuer pour une somme de **25.000** dollars aux fonds de secours ».

Le conseil provincial de Saint-Sébastien a voté 5.000 pesetas pour les victimes de la catastrophe de la Martinique et adressé un télégramme de condoléances au président de la République.

Le gouverneur de Victoria a adressé à M. Loubet, au nom du gouvernement et de la population de la colonie, un télégramme de sympathie à l'occasion du désastre de la Martinique.

Le gouvernement de la Fédération australienne a également envoyé un télégramme de sympathie.

Les membres de la colonie anglaise à Paris, réunis à l'ambassade, ont offert au gouvernement l'expression de leur sympathie à l'occasion du sinistre de Saint-Pierre.

A Copenhague la princesse Waldemar s'est chargée de recueillir les dons des Dames danoises. Quel bel exemple de charité chrétienne !

Le prince régent de Bavière a adressé au président de la République un télégramme de sympathies pour la catastrophe de Saint-Pierre. M. Loubet a répondu par un télégramme de remerciements.

A Madrid, le président du Sénat a exprimé ses plus vifs regrets au sujet de la catastrophe de Saint-Pierre dans les termes les plus sympathiques pour la France. Le ministre de l'intérieur, au nom du gouvernement, et les chefs des différents groupes déclarent prendre part au deuil de la France, et lui exprimer leurs condoléances.

A Londres, le lord-maire a adressé à M Jules Cambon le télégramme suivant :

« C'est avec la plus profonde affliction que les habitants de Londres ont appris la confirmation de la calamité terrible survenue dans quelques-unes des Antilles françaises. Ils vous prient de transmettre à votre gouvernement leurs profonds sentiments de cordiale sympathie. »

A Sofia, le Sobranié a chargé son bureau d'exprimer au gouvernement français ses sentiments de compassion et de sympathie à l'occasion de la catastrophe de Saint-Pierre.

A Rome, M. Prinetti s'est empressé d'envoyer au gouvernement français ses condoléances les plus vives à l'occasion de la catastrophe qui frappe une nation amie.

La Chambre approuve, à l'unanimité, une proposition de M. Arconati, tendant à charger le président de transmettre au président de la Chambre française les condoléances de la Chambre italienne. Le président déclare qu'il communiquera directement les condoléances de la Chambre au président de la Chambre des députés à Paris (Nouvelle approbation).

Le Ministre de l'intérieur, au nom du Gouvernement espagnol, et les chefs des différents groupes des Cortès ont également témoigné de leurs regrets et déclaré qu'ils prenaient part à l'affliction de la France.

A Alger, Si Mohammed el Guebbas, chef de la mission marocaine, s'est rendu chez M. le Gouverneur général pour lui apporter les condoléances de son souverain

Message du duc d'Argyll, beau-frère du roi Edouard VII.

Palais de Kensington, **12** mai.

Les mots me manquent pour exprimer la compassion et la douleur que nous éprouvons tous au sujet du terrible événement de la Martinique, où vos braves colons avaient établi leur belle et florissante ville. Il est vraiment lamentable d'envisager le sort du vaillant gouverneur, malheureusement partagé, sans doute, par tous les fonctionnaires du gouvernement qui s'étaient dévoués si complètement à ces Français éloignés de la mère-patrie. Tous, nous adressons l'expression de nos plus vives sympathies à la nation française. Nous espérons que le courage et l'habileté des officiers leur ont permis de sauver quelques-uns de leurs infortunés compatriotes ; mais les nouvelles laissent peu de place à l'espoir. C'est le cœur serré que l'on songe à l'angoisse qui doit régner dans la plupart des ports français.

ARGYLL.

Message de lord Rosebery.

38, Berkeley square, S. W., 12 mai.

De telles calamités qui viennent s'abattre sur notre pauvre race humaine devraient au moins avoir pour effet d'unir plus étroitement les nations actuelles. J'espère sincèrement qu'il en sera ainsi.

ROSEBERY.

Message de sir Henry Campbell Bannerman.

Chambre des communes, 12 mai 1902.

Je viens affirmer, en mon nom et au nom de tous mes amis, combien nous partageons chaleureusement le sentiment unanime de nos compatriotes en présence de l'effroyable désastre de la Martinique, sentiment fait d'horreur en même temps que de compassion envers les victimes, et de profonde sympathie pour le peuple français.

H. CAMPBELL BANNERMAN.

Dans la séance de la Chambre des députés hongroise, le comte Apponyi, président, a rappelé les douloureux événements de notre colonie et s'est ensuite exprimé de la sorte aux applaudissements unanimes de l'assemblée.

« Je suis certain que le cœur de tous les hommes se serre à la pensée de cette effroyable calamité. En raison des sentiments de solidarité et de fraternité qu'elles éprouvent, toutes les nations prennent part au deuil profond et émouvant qui frappe la nation française. Animé de ces sentiments, je pense que nous devons, nous, représentants de la nation hongroise, exprimer la profonde compassion que nous inspire ce grand deuil... »

Une dépêche du Cap dit quele maire a présenté au consul de France l'expression de la profonde sympathie de ses concitoyens en présence du désastre survenu à la Martinique.

Au Parlement hollandais, le ministre des colonies a exprimé la douleur ressentie par le peuple hollandais et le gouvernement. Ordre a été donné au cuirassé *Kiurngin-Regentes*, actuellement devant Curaçao, d'aller aussi vite que possible à la Martinique.

Au Sénat belge, le président, duc d'Ursel, a prononcé quelques paroles émues de condoléances. Tous les sénateurs ont écouté debout la déclaration du président.

A Lisbonne. M. Rouvier, ministre de France, au nom de M. Loubet, a exprimé au roi, à la reine Amélie et à la reine douairière Maria-Pia ses remerciements pour les témoignages de sympathie donnés par les souverains aux victimes de la Martinique en patronnant la course de taureaux du **27** juillet et pour les dons si généreux apportés au fonds de secours.

M. Constans, ambassadeur de France, a remercié le sultan de son message de sympathie et de sa souscription au fonds de secours de la Martinique ; sir Edmund Monson s'est rendu à l'Elysée, pour transmettre à M. Loubet les condoléances personnelles du roi Edouard ; le roi Victor-Emmanuel avait chargé son ambassadeur, le comte Tornielli, d'exprimer ses sentiments de condoléance à notre gouvernement ; l'ambassadeur d'Autriche-Hongrie accomplissait une démarche semblable au nom de son souverain ; le président du Sénat espagnol adressait en même temps, du haut de la tribune, des paroles émues à la nation française si cruellement frappée.

Ces exemples de solidarité humaine nous émeuvent profondément, et nous sommes heureux de le constater dans cette circonstance inoubliable.

La Ligue de la marine anglaise a voté à l'unanimité l'expression de sa profonde sympathie pour la France et la Ligue de la marine française à l'occasion de la catastrophe de la Martinique.

A Vienne, le 13 mai, au commencement de la séance de la Chambre des députés, le président adresse à l'Assemblée, qui l'écoute debout, une allocution dans laquelle il mentionne l'émouvante catastrophe de la Martinique et exprime la conviction qu'il sera entièrement d'accord avec tous les membres de la Chambre en se faisant l'interprète des regrets inspirés par le malheur auquel il fait allusion. Il demande donc à être autorisé à faire connaître au gouvernement français la compassion ressentie par la Chambre des députés.

La catastrophe de Saint-Pierre a produit partout un généreux élan de solidarité humaine. Un immense effort a été tenté pour soulager des misères presque sans précédents.

Le clergé français, ému du malheur qui a endeuillé la France, avait ordonné des prières dans toutes les églises, et fait faire des quêtes au profit des sinistrés.

Le service religieux, célébré à Notre-Dame, pour le repos de l'âme des victimes de la Martinique, a été très beau et très imposant. Le Gouvernement a compris que l'immense majorité des Français réclamait ce témoignage officiel de compassion et de regrets, avec cet hommage public au culte qui dit le mieux la piété pour les morts.

Saint-Pétersbourg, 17 mai. — Un service funèbre solennel à la mémoire des victimes de la catastrophe de la Martinique a été célébré dans la chapelle de l'Asile français.

Dans l'assistance se trouvait M. le marquis de Montebello, ambassadeur de France ; le personnel de l'ambassade et l'élite de la colonie française de Saint-Pétersbourg.

A Rome a eu lieu à Saint-Louis des Français un service funèbre pour les victimes de la catastrophe de la Martinique.

Mgr Favier a célébré à Pékin une messe solennelle pour les victimes de la catastrophe.

Lisbonne, 21 mai. — La direction de la congrégation des Pères missionnaires du Saint-

Esprit a fait célébrer une messe de *Requiem* à la mémoire des victimes de la Martinique.

Rome, 7 juin. — Sur l'initiative des associations catholiques, des funérailles solennelles pour les victimes de la Martinique ont eu lieu en l'église des Saints-Apôtres.

Londres, 25 mai. — On a lu dans les églises catholiques de Londres une lettre du cardinal Vaughan prescrivant des quêtes spéciales dont le produit sera réparti par moitié entre les victimes de la Martinique et celles de Saint-Vincent.

Sur l'initiative de Monseigneur le cardinal Richard, archevêque de Paris, et en présence de nombreux fidèles, un service funèbre a été dit en l'église basilique du Sacré-Cœur, à Montmartre, à l'intention des victimes de la catastrophe de la Martinique. Cette cérémonie était présidée par Mgr de Cormon, évêque de Saint-Pierre de la Martinique qui a donné l'absoute. Une quête a été faite au profit des victimes de la catastrophe.

Sur l'initiative de la Ligue des Femmes

françaises un service funèbre a été célébré à l'église Saint-Augustin, à l'intention des victimes de la catastrophe de la Martinique.

Cette cérémonie, qui avait attiré de très nombreux assistants, était présidée par Mgr de Cormon, évêque de Saint-Pierre.

A la sortie, une quête a été faite au profit des victimes de la catastrophe.

Mgr l'Evêque de Laval a ordonné des prières et des quêtes pour les victimes de la Martinique.

Les familles créoles habitant Brest et parmi elles, la famille du général Bégin ; celles des commandants de vaisseau Couy et Mathieu ; du commandant d'infanterie Deschard ; de l'ingénieur en chef de la ville, M. Henriet ; de l'inspecteur en chef de la marine, M. Le Peltier ; de l'agent-comptable de la marine, M. Picard ; du commissaire principal de la marine Robin ; du commandant Thomas, etc.., ont adressé un appel aux Brestois pour les prier d'assister au grand service funèbre célébré le **27** mai à l'église Saint-Louis, à la mémoire des victimes de l'épouvantable catastrophe.

Le dimanche 18 mai, dans les églises luthériennes de Paris, des services ont été célébrés pour demander à Dieu de consoler et d'assister les familles cruellement frappées par la catastrophe de la Martinique et pour implorer sa bénédiction sur la France en deuil.

Une cérémonie a été organisée à l'Oratoire de Paris en mémoire des victimes de la catastrophe et spécialement à l'occasion de la mort du gouverneur de la colonie, M. Mouttet, qui était le gendre du pasteur De Coppet.

Dans une lettre adressée au clergé paroissial, le cardinal Lecot, archevêque de Bordeaux, a prescrit qu'une messe funèbre serait chantée dans toutes les églises du diocèse et qu'une quête, dont le produit serait envoyé à Mgr de Cormont, évêque de la Martinique, avant le 25 courant, serait faite au profit des victimes de la Martinique, dans chaque église, par le curé lui-même.

Le cardinal Langénieux, archevêque de Reims, a adressé, au sujet de la catastrophe de la Martinique, une lettre à ses diocésains. Il a prescrit qu'un *De Profundis* serait chanté à la cathedrale, et un service funèbre célébré. Il a engagé les curés à s'entendre avec les autorités locales pour célébrer un service funèbre dans toutes les paroisses ; en tous cas, un *De Profundis* a été chanté dans toutes les églises, le dimanche 25, après les messes paroissiales.

A Marseille, a eu lieu à la cathédrale, une messe solennelle de *Requiem*, pour les victimes de la catastrophe de la Martinique. Mgr Andrieu, évêque de Marseille, officiait, assisté et entouré de son chapitre, des chanoines de la cathédrale et d'un nombreux clergé. La foule était considérable. En première ligne figuraient le général Metzinger, commandant en chef le corps d'armée ; les généraux et intendants généraux de Forzantz, Virif, Comer ; MM. Jossier, secrétaire général de la préfecture, représentant le préfet, empêché ; Depont, chef de cabinet de M. Lutaux ; le contre-amiral Rouvier, commandant la marine de Marseille. Une quête a été faite pour les victimes du désastre.

Un service solennel a été célébré dans l'église Notre-Dame de Niort.

Une grande solennité funèbre a eu lieu à la cathédrale de Fort-de-France ; toutes les autorités civiles et militaires, l'état-major au grand complet des navires de guerre français, allemands, danois et américains étaient présents à la cérémonie qui a été célébrée au milieu d'une grande tristesse.

Mgr Sonnois, archevêque de Cambrai, adressé au clergé et aux fidèles de son diocèse une lettre dans laquelle il prescrivait des cérémonies funèbres à la mémoire des victimes de la Martinique et faisait appel à la générosité pour venir en aide aux survivants.

A Paris, à l'exposition Boër-Martiniquaise, M. Philippe Deschamps avait mis à la disposition du Comité la collection Boër qu'il avait recueillie depuis deux ans. Le produit des recettes a été partagé entre les sinistrés de la Martinique et les prisonniers Boërs.

Le maire de Cherbourg a fait placarder une affiche dans laquelle l'administration municipale, afin de venir en aide aux sur-vivants de la Martinique, prend l'initiative d'une souscription publique dans la ville de Cherbourg.

Le comité de l'Association des journalistes républicains français, réuni sous la prési-dence de M. Ranc, a voté à l'unanimité, une souscription de 200 francs pour les victimes du désastre de la Martinique. Salle-Charras, une réunion organisée par les comités des *Dames françaises*, *pro Boers* et de l'*aide à la jeunesse martiniquaise* ; Mme Macherez, du conseil d'administration des Dames françai-ses ; M. Herbette, conseiller d'Etat ; M. Sand-berg, aide de camp du général Botha. M. Pierson, consul de la République Sud-Africaine, ont successivement pris la parole et, en termes émus, ont affirmé la solidarité des divers comités en présence de l'épouvantable catastrophe qui a semé le deuil dans tous les cœurs.

Mesdemoiselles Thenon, par sympathie pour leurs jeunes amies martiniquaises, ont bien voulu se charger de faire, dans l'assistance, une collecte qui a produit la somme de mille francs.

A Château-Gontier a eu lieu un service en l'église St-Jean. La population, si attachée à ses principes, n'a pas manqué de se montrer catholique et française, en portant au pied des autels son obole de larmes et de prières.

Le bilan mortuaire.

En tête de cette liste funèbre, il faut placer le gouverneur de la Martinique.

M. Louis Mouttet était né à Marseille le 10 octobre 1857. Fils d'ouvriers, il n'avait reçu qu'une instruction élémentaire qu'il compléta par la suite par son travail opiniâtre. En 1883, il vint à Paris, où il fut appelé à l'administration du cercle Saint-Simon, qui venait de se fonder sur l'initiative de MM. Monod, Puaux et Hanotaux. Il entra ensuite au service colonial. Trois ans plus tard, il est nommé sous-chef de bureau et va servir au Sénégal, puis il est appelé aux fonctions de secrétaire particulier du gouverneur général d'Indo-Chine. Successivement directeur de l'intérieur à la Guadeloupe et au Sénégal, gouverneur intérimaire de la Côte-d'Ivoire, M. Mouttet fut nommé, en 1896, gouverneur de quatrième classe. Appelé au commencement de 1899 au gouvernement de la Guyane, ce fut lui qui envoya au capitaine Dreyfus le télégramme qui le rappelait en France. C'est à la fin de l'année 1901 qu'il fut nommé gouverneur de la Martinique.

M. Mouttet reçut la croix de la Légion d'honneur en septembre 1890, le jour même où il unissait sa vie à celle de la vaillante femme, Mlle de Coppet, nièce de M. Siegfried, qui l'a suivi partout, jusqu'à la mort. Suivant le désir exprimé par la fiancée, le mariage avait eu lieu à Etretat, où sa famille passait les étés, en face de la mer qu'elle aimait et qui allait la séparer des siens. C'est la mer encore qui sépare les trois orphelins restés à Fort-de-France des grands-parents, accablés par la douleur, qui auront à remplacer pour eux le père et la mère disparus.

M. Emile Massard a écrit dans *la Patrie :*

« J'ai eu l'occasion de voir de très près M. Mouttet. Il y a bien longtemps déjà ! C'était en 1880, rue d'Aboukir, au cinquième, où se trouvaient les bureaux d'un petit journal rédigé par Olivier Pain, Secondigné, Léon Marx, Arbouin, Picourt, et dont j'étais le secrétaire général.

Mouttet, fraîchement débarqué de Marseille, avait obtenu, à force de recommandations, les fonctions d'aide-correcteur, ou plutôt de teneur de copie, à 75 francs par mois. Il travaillait jusqu'à deux heures du matin, ne dînait pas tous les soirs, et carressait un rêve : celui d'avoir dans le journal la rubrique « tribunaux », c'est-à-dire de découper des comptes rendus dans un journal

du soir — et de les signer. Le hasard lui pro-
cura un jour cette douce satisfaction. Il fut
appelé à remplacer un collègue absent, se
jeta sur une paire de ciseaux et ne les quitta
plus.

Dès lors Mouttet fut heureux : il s'acheta
un haut-de-forme et fréquenta le café du
Croissant. Il y fut même témoin d'une scène
assez vive une fois que je fus forcé d'admi-
nistrer une paire de calottes à Fournière (qui
n'était pas encore député blackboulé). L'in-
cident fut même cause de mon premier duel.

Mouttet, tout en professant des idées très
révolutionnaires, fréquentait ses compatriotes
de la Cannebière : Clovis Hugues, Antide
Boyer et Rouvier. Celui-ci le prit sous son
aile et le fit nommer secrétaire de la Société
historique. C'est à moi qu'on s'adressa pour
les références ; je les fournis bonnes, j'allai
même jusqu'à donner à Mouttet une foule de
titres et de qualités qu'il m'avait demandé
de lui prêter. Cette fois Mouttet ne se tint plus
et s'acheta une belle redingote.

Un ange descendit du ciel sous les traits d'une parente de M. Siegfried, le député du Havre. Mouttet n'hésita pas : il l'épousa. Il roula aussitôt carrosse, négligea ses amis, et se fit nommer secrétaire général du Sénégal. Telle fut la carrière de ce pauvre Mouttet. C'était, en somme, un brave garçon. Ses cheveux noirs bouclés, ses yeux bleus l'ont beaucoup plus servi que son talent. Mais que voulez-vous : il était de Marseille ! Au demeurant, Mouttet a été aussi bon fonctionnaire que s'il avait passé par toutes les écoles. Il s'est toujours montré très courageux dans sa carrière coloniale et est mort au champ d'honneur au milieu de ses administrés. Rendons cette justice au brave petit teneur de copie de la rue d'Aboukir. »

Parmi les victimes se trouve le lieutenant-colonel Gerbault qui était un jeune et très brillant officier de l'artillerie coloniale ; il avait quarante-trois ans à peine. Né le 9 septembre 1858, il est entré à l'Ecole polytechnique à vingt ans et a fait sa carrière dans l'artillerie de la marine. Capitaine en 1884, chef d'escadron en 1895, il était attaché à la direction de l'artillerie au ministère de la marine lorsqu'il fut nommé lieutenant-colonel, le 23 février 1900, et envoyé quelques semaines plus tard à la Martinique, il devait rentrer en France fin 1902.

M. Pouk-Tsong, conseiller général, habitait Fort-de-France avec sa mère, mais il se trouvait à Saint-Pierre en tournée électorale au moment de l'éruption. Il était âgé de trente-sept ans, et beau-frère de M. Hurard, ancien député.

Le fils de M. Gerville-Réache, sénateur, qui a péri à Saint-Pierre, était âgé de vingt-trois ans. Il avait terminé ses études. Lauréat de la Faculté de droit, il s'était fait inscrire au barreau, et, avant de se lancer dans la bataille de la vie, il avait voulu faire un voyage aux Antilles, connaître la Guadeloupe, la Martinique et Saint-Pierre, qu'il affectionnait tout particulièrement. Depuis une année qu'il était là-bas, il étudiait avec passion la situation commerciale et économique du pays et il était le collaborateur le plus précieux de M. Knight, sénateur, et l'un des principaux négociants de la Martinique qui a réussi par miracle à échapper à cet enfer.

La famille du commandant Bourges a perdu dans le cataclysme sept personnes : M. Eugène Nollet, cousin de la famille ; Mme veuve A. Nollet, sa mère ; Mme Eugène Nollet, sa femme ; Mlle Nollet, sa fille ; Mlle Louise Didier, sa nièce ; Mme veuve Melhié, sa belle-mère, et Mlle Clara Bourges, tante du commandant Bourges.

M. Paul Merwart, peintre du ministère des colonies, était un artiste fort connu à Paris. Après la mort de sa femme, M. Paul Merwart, très affecté, voulut quitter Paris et entreprendre un grand voyage. Il partit pour la Guyane où son frère, M. Emile Merwart, ancien chef adjoint du cabinet de M. Méline, occupe les fonctions de secrétaire général. Après un séjour à Cayenne, au cours duque sa santé fut assez éprouvée, il repartit pour la France. En passant à la Martinique, il eut l'idée de s'arrêter pour voir M. Mouttet avec lequel il entretenait de très cordiales relations ; il y est mort.

La fille du consul d'Italie, MM. James Capp consul d'Angleterre et sa famille, Freeman commandant le vapeur *Poddam*, Lasserre ancien président de la Chambre de commerce, Michaud, directeur de la banque de la Martinique, Marchand du Crédit Foncier, Garcin, avocat, Carraud, président du tribunal, Darius, procureur, les membres de l'instruction publique, des douanes, des contributions, la garnison et ses chefs, onze prêtres du clergé colonial. Les Congrégations ont perdu 33 sœurs de l'ordre Saint-Joseph de Cluny, 28 de Saint-Paul de Chartres, et 12 pères de l'ordre du Saint-Esprit qui étaient professeurs au Collège.

Vingt huit sœurs de l'Ordre de la Délivrance, qui sont parmi les survivants de la catastrophe, déclarent devoir leur vie à un miracle. Il paraît que dans la campagne élec-

torale alors en cours, 400 nègres du Morne-
Rouge, tous ultra-socialistes, avaient formé
une société anticléricale et étaient décidés à
se livrer à des voies de fait sur les prêtres
de la région comme sur les sœurs. Effrayées
par des placards menaçants apposés sur les
murs de leur couvent, elles résolurent de
rester 48 heures en prières dans leur chapelle. C'est là que la catastrophe les surprit.
Protégées par les murs de pierre de l'édifice,
elles purent, malgré une chaleur épouvantable, attendre un moment d'accalmie pour
s'enfuir.

M. Clerc candidat à la députation, dit que
c'est par miracle qu'il a pu échapper à la
mort. Il y avait à peine quelques minutes
qu'il avait quitté Saint-Pierre, et avait par-
couru quelques centaines de mètres, lorsque
la catastrophe se produisit. Il n'eut que le
temps de se jeter dans un petit bois qui était
à sa portée, et qui, par un hasard providen-
tiel, a été épargné. Un jeune garçon, nommé
Molinard, qui se trouvait à quelques pas de

lui, a été emporté comme une feuille. Le docteur Verne, qui a soigné les malades, a perdu quarante-deux de ses parents dans la catastrophe. M. Clarae, le plus riche négociant de Fort-de-France, a perdu cent dix de ses parents.

Un nègre, Raoul Sartout, qui, poursuivi pour un assassinat, avait été emprisonné dans un cachot souterrain où il fut préservé contre le feu et les gaz asphyxiants, entendant des voix humaines, appela à l'aide. Dès qu'il fut délivré, il s'élança dans les rues et s'enfuit dans la direction des bois. Il n'avait rien mangé depuis cinq jours et était horriblement brûlé.

Une négresse trouvée vivante dans une cave à Saint-Pierre, où elle était enfermée depuis trois jours, est morte à l'hôpital de Fort-de-France à la suite des terribles brûlures qui couvraient tout son corps.

Mme La Rougerie, femme d'un usinier, a pu entraîner son mari et ses enfants, ce qui réduit à 60 personnes le chiffre des morts pour cette famille.

M. Sainte capitaine de la goélette *Gabriel*, de la maison Knight, se trouvait le 8 au matin dans le port de Saint-Pierre lorsqu'il vit venir le nuage de feu, il plongea aussitôt dans la mer et resta sous l'eau quelques secondes, pendant que s'accomplissait le désastre, lorsqu'il revint à la surface de l'eau, tous les bateaux flambaient et des milliers de cadavres jonchaient les quais.

Lettre de faire-part envoyée par la famille Caminade qui a perdu 33 de ses membres.

M

M. G. Caminade ; Madame G. Caminade (née Dupouy) ; Monsieur Gustave Caminade ; Monsieur André Caminade ; Monsieur Maurice Caminade ;

Ont l'immense douleur de vous faire part de la perte cruelle qu'ils viennent de faire dans les personnes de :

Monsieur Eugène Caminade ;

Madame veuve Caminade ;

Monsieur et Madame Raphaël Caminade et leurs enfants, Raoul, Gabrielle, Albert et Aline ;

Monsieur et Madame Gaston Caminade et leurs enfants, Georges, Louis, Gaston et Marie-Louise :

Monsieur et Madame Louis Liottier (née Caminade) et leurs enfants, Aimée, Gabrielle et Louis ;

Mademoiselle Léonie Caminade ;

Monsieur et Madame Samuel Dupouy et leurs enfants, Louise, Robert et Georges ;

Madame veuve Paul De Gage (née Dupouy) et ses enfants, Fernand, Alix, Léonie et Valentine :

Monsieur Raphaël Dupouy ;

Mesdemoiselles Ferdillia et Palmyre Dupouy ;
leurs fils, mère, belle-mère, grand'mère, frères, sœurs, beaux-frères, belles-sœurs, oncles, tantes, neveux, nièces, cousins et cousines, décédés dans la terrible catastrophe

de Saint-Pierre (Martinique), le 8 mai 1902.

PRIEZ POUR CES MARTYRS !

Le 7 mai, un communiqué officiel faisait savoir à la population que « la sécurité de Saint-Pierre restait entière ». Le lendemain la ville était anéantie !

M. Landes, professeur au Lycée de Saint-Pierre, qui avait signé le fameux rapport affiché le 7 mai pour rassurer la population, est parmi les victimes.

Comment est mort M. Mouttet

La nuit du 7 au 8 se passa sans incidents. Le 8, à sept heures et demie du matin, M. Mouttet quitta les quais de Saint-Pierre sur la chaloupe à vapeur de l'artillerie, accompagné des membres de la commission scientifique qu'il avait nommée pour étudier les caractères de l'éruption volcanique. La commission allait au Prêcheur, bourg qui paraissait être le seul menacé par la montagne Pelée. Ce fut à mi-route que l'ouragan de feu surprit la chaloupe et l'anéantit, avec tous ceux qu'elle portait. De l'hôtel de l'Intendance où Mme Mouttet avait dû rester en attendant le retour de son mari, il ne subsiste plus un pan de mur ; le quartier a été émietté.

Les éruptions simultanées de la montagne Pelée et de la soufrière de Saint-Vincent ont attiré l'attention de tous les savants du Monde, étant donné que l'histoire des phénomènes terrestres présente rarement des faits aussi graves.

En 1899, Mme de Ferriem, la célèbre voyante de Berlin, avait prédit le désastre de la Martinique.

Voici la traduction de cette prédiction.

Dans quelques années un terrible tremblement de terre aura lieu... Si je ne me trompe pas, ce tremblement de terre aurait lieu en 1902 !... Oui ! c'est cela... cela arrivera en 1902... J'ai calculé cela d'après les astres. Ce tremblement de terre sera tellement terrible, que les câbles sous-marins seront rompus. .. Une grande ville sera détruite de fond en comble.... Des milliers de personnes trouveront une terrible mort.... J'entends une détonation semblable à une explosion.... Je vois la ville... c'est un immense brasier... les rues sont littéralement jonchées de cadavres !... des colonnes de fumée de plus en plus épaisses s'élèvent.... Je ressens une violente secousse de tremblement de terre... Je vois une vingtaine de vaisseaux en flammes... Ah ! les malheureux habitants... Que Dieu dans sa bonté infinie soulage ceux qui pleurent des pertes irréparables !

Ces prédictions ont paru dans des revues allemandes où les amateurs de sciences psychiques pourront aller les rechercher.

La France aurait dû depuis longtemps établir, dans ces régions perpétuellement troublées par les tremblements de terre et par les éruptions volcaniques, d'importants observatoires seismographiques. Les Italiens l'ont fait au Vésuve depuis très longtemps et il n'est pas un phénomène seismique, si faible soit-il, qui ne soit enregistré et étudié.

Le seismographe est un appareil d'une délicatesse et d'une précision inouïes : il perçoit et enregistre les plus faibles secousses, celles même qui sont trop faibles pour être perçues par l'observation directe de l'homme. Si l'on cataloguait au jour le jour, et si l'on étudiait avec soin toutes les observations seismographiques faites dans un même lieu, l'on parviendrait à prévoir avec assez d'exactitude pour en éviter les terribles suites, ces éruptions violentes qui ne se produisent jamais soudainement, et sont toujours annoncées par des phénomènes avant-coureurs. L'adjonction d'appareils seismographiques aux observations météorologiques dans les Indes occidentales n'entraînerait qu'une faible dépense et servirait dans l'avenir à sauvegarder peut-être des milliers de vies.

Ce qu'il y a d'étonnant dans le malheur qui a frappé la Martinique, c'est de voir que la Commission chargée d'étudier les phénomènes volcaniques de la montagne Pelée, s'était réunie au Palais de l'Intendance de Saint-

Pierre le 7 mai, la veille du désastre sous la présidence du gouverneur.

Après examen des faits constatés successivement depuis le commencement de l'éruption, la commission a reconnu :

1º Que tous les phénomènes qui se sont produits jusqu'à ce jour n'ont rien d'anormal et qu'ils sont au contraire identiques aux phénomènes observés dans tous les autres volcans ;

2º Que les cratères du volcan étant largement ouverts, l'expansion des vapeurs et des boues doit se continuer comme elle s'est déjà produite sans provoquer des tremblements de terre ni des projections de roches éruptives ;

3º Que les nombreuses détonations qui se font entendre fréquemment sont produites par des explosions de vapeurs localisées dans la cheminée et qu'elles ne sont nullement dues à des effondrements de terrain ;

4º Que les coulées de boue et d'eau chaude

sont localisées dans la vallée de la rivière Blanche ;

5° Que la position relative des cratères et des vallées débouchant vers la mer permet d'affirmer que la sécurité de Saint-Pierre reste entière ;

6° Que les eaux noirâtres roulées par les rivières des Pères de Basse-Pointe, du Prêcheur, etc., ont conservé leur température ordinaire et qu'elles doivent leur couleur anormale à la cendre qu'elles charrient. La commission continuera à suivre attentivement tous les phénomènes ultérieurs, et elle tiendra la population au courant des moindres faits observés.

Signé LANDES.

Le lendemain matin, pendant qu'on affichait l'extraordinaire déclaration d'une commission nommée par le gouverneur, la montagne Pelée, par sa fissure latérale, lançait des jets de feu qui anéantissaient Saint-Pierre, faisant 30.000 victimes et causant

210 millions de dégâts ! La commission était restée optismiste.

En présence de pareils faits, le premier sentiment qui s'impose, c'est le regret que, dès l'apparition, en avril, des premières fumées au sommet de la montagne Pelée, les mesures que commandait la prudence pour parer au danger n'aient pas tout de suite été prises. Le second, c'est de voir la persistance d'une pareille insouciance, à mesure que s'accentuaient les signes précurseurs d'un désastre certain... Malgré l'imminence d'un danger évident, la municipalité de Saint-Pierre faisait proclamer au son du tambour, sur l'ordre du gouverneur, la veille au soir, c'est-à-dire le 7 mai, que « la sécurité de Saint-Pierre reste entière ».

M. Ernoul, un martiniquais d'origine nantaise, adjoint au maire de Saint-Pierre, qui se trouvait à Fort-de-France le 8 mai, exprime surtout les regrets pour le manque de prévoyance dont l'administration supérieure de l'île a fait preuve.

M. Fernand Clerc, candidat à la députation, s'exprime en ces termes : Il fallait être aveugle pour ne pas voir le danger qui menaçait. Moi, j'ai installé ma famille sur les hauteurs, pour la mettre à l'abri...

On ne s'explique pas davantage l'insouciance de ceux qui ont édifié une ville comme Saint-Pierre, à quelques kilomètres seulement d'un volcan très actif, car, bien qu'on ait dit le contraire, le volcan de la Montagne Pelée qui se tenait tranquille depuis 1851, n'était pas considéré comme éteint.

M. Jean Hess, le 11 mai, arrivait à Port-au-Prince, revenant de Saint-Domingue. Là, il apprend la catastrophe de Saint-Pierre. Aussitôt il change de bateau et part pour la Martinique. Il assiste aux éruptions du 26, du 28 mai et à celle du 1er juin. Il a visité Saint-Pierre au lendemain du désastre ; il a interrogé des personnes de tous genres, les plus opposées les unes aux autres : il a publié ses impressions dans un volume composé de

notes prises sur le vif, et il conclut à la res-
ponsabilité de l'administration.

La voix du volcan s'est tue, et le silence
se fait sur la catastrophe comme il s'est fait
sur les morts. Plus redoutable que la cendre du cratère, qui tombe persistante et
fine et de la ville disparue devient le linceul,
l'oubli enveloppe de sa nuit sépulcrale les
souvenirs qu'il nous faudrait, pour être
humains et justes, garder vivants... Il est
déjà loin, l'épouvantable cauchemar de la
riante cité. perle de nos Antilles engloutie à
jamais...

Les causes de cette terrible éruption furent
d'abord étudiées par les membres de la mission Lacroix qui ont reconnu par l'analyse
que les débris n'étaient en aucune façon com-
posés de lave, ce qui explique pourquoi les
aiguilles des boussoles des navires se sont
comportées si étrangement en pleine mer.
Soixante-seize pour cent de la matière tombée était magnétique, y compris 5/00 d'ai-
mant, le minerai le plus magnétique connu.

Les phénomènes électriques sont aussi importants et intéressants. Les effets gazeux sont attribués à de la vapeur sèche surchauffée. Tous les savants du Monde se sont intéressés aux éruptions réitérées du Mont-Pelé. MM. Velain de la Sorbonne, de Lapparent de l'Institut, Ramon du Muséum, Lévy de l'Académie des sciences, Meunier professeur, Loewy directeur de l'observatoire, Barchgrevink professeur à New-York, Sir Geikie géologue irlandais, Kennan savant anglais, messieurs Heilprin professeur, Hill géologue, William Eddysismologue, Elprenn professeur, Hovey du Muséum d'histoire naturelle, ces derniers américains. M. Ricci géologue italien et Falb professeur de Vienne, M. Vallapegas, géologue portugais, a exploré le Chili, le Brésil, la Bolivie et le Pérou et étudié les volcans de Puracé, Satara, Pasto, Rucu, Pichincha, Quirotoa, l'Antisana, le Sangay, le Misti, l'Atakama, l'illascar, le Liulaillaco, le Coquimbo et le Tupungato. L'appréciation de tous ces savants est que c'est un courant de gaz suffocants qui a frappé les habitants de la ville de Saint-Pierre. La mort a donc été produite par l'asphyxie. Le cratère n'avait pas projeté de lave, mais seulement des gaz hydro-sulfuriques qui se sont enflammés. La vase s'est formée de la poussière volcanique mélangée à la vapeur d'eau condensée. La mort des habitants s'est produite avant que la ville fût brûlée. Les souffrances des victimes ont dû, fort heureusement, être courtes. Pour la plupart, dans l'air embrasé subitement, la syncope a dû précéder la mort et l'horrible combustion.

Une chose est à constater, c'est l'imprudence des Martiniquais qui, jusqu'à la dernière minute, sont restés au pied du volcan dégageant depuis un mois des gaz sulfureux.

La conduite de M Lhuerre le secrétaire général a été au-dessus de tout éloge, l'administrateur s'est révélé comme un fonctionnaire du plus haut mérite, M. Lhuerre était secrétaire général de la colonie lorsque survint la catastrophe. Le gouverneur titulaire,

M. Mouttet, ayant disparu dans le désastre,
M. Lhuerre recueillait la lourde charge
d'assumer le pouvoir en cette terrible occur-
rence.

N'était-il pas, d'ailleurs, entouré par un
noyau de braves, aux premiers rangs des-
quels se trouvaient le sénateur Knight, le
maire de Fort-de-France, Sévère ? Ces
nobles exemples, partis d'en haut, ne tardè-
rent pas à faire école. Et l'on vit les maires
du Prêcheur, de la Grand'Rivière, du
Macouba, de Fonds-Saint-Denis, de la Basse-
Pointe, du Lorrain et l'adjoint du Morne-
Rouge rivaliser dans l'accomplissement de
leur devoir.

Deux de ces vaillants méritent une mention
particulière : c'est M. Grelet, maire du Prêcheur, un noir de soixante-cinq ans, membre du conseil général, et M. Colat, adjoint
au maire, un autre noir, vieillard de soixante-
dix ans, puis aussi, M. Gerville-Réache
député de la Guadeloupe, M. Merlin le gouverneur, MM. de Montaigu conducteur des

ponts et chaussées, Loti receveur de l'enre-
gistrement, et enfin le sympathique sénateur
M. Knight, qui se trouvait à Fort-de-France
au moment du désastre.

M. Amédée Knight est né à Saint-Pierre
en 1852. Il vint faire ses études en France et
sortit de l'Ecole centrale avec le diplôme
d'ingénieur des arts et manufactures. Rentré
à la Martinique, il prit la direction d'une
importante distillerie et donna une vive
impulsion à l'industrie du rhum. Il a été
adjoint au maire et secrétaire de la chambre
de commerce, il est encore président du
conseil général. M. Knight est entré au
Sénat en 1899, après la mort de M. Allègre.

Du côté des marins et des militaires il n'y
a que des éloges à décerner. Le *Suchet* et
son commandant M. Lebris, le croiseur
danois *Valkyrlen*, le *Pouyer-Quertier* ont,
-dès la première heure, coopéré au sauvetage des victimes et des populations, avec
une résolution admirable. Combien auraient
péri qui leur doivent la vie !

La garnison qui a si malheureusement vu disparaître l'un de ses chefs, le colonel Gerbault, a fait son devoir avec vaillance. L'exemple, venant d'en haut, avait relevé les cœurs et excité les citoyens au renoncement d'eux-mêmes et au dévouement. A côté de la brutalité des forces aveugles de la nature apparaissait ainsi resplendissante la puissance morale de l'homme.

La souscription nationale et les dons recueillis dépassent 8 millions, hélas la somme quoique superbe est insuffisante si l'on veut réparer les dégâts.

D'après les renseignements, on évalue à 130 millions les pertes en propriétés agricoles, maisons d'habitations et établissements industriels, à 90 millions les pertes en propriétés privées y compris les bijoux et les valeurs, et à 5 millions les marchandises détruites. 225 millions ! telle est l'évaluation approximative des pertes matérielles, dont 25 millions couverts en majorité par des compagnies d'assurances américaines.

De Saint-Pierre, tout a disparu : habitants, animaux, végétaux, propriétés, monuments ; il ne reste rien. Les survivants, en petit nombre sont ruinés.

Les huit communes anéanties sont : Saint-Pierre, le Carbet, le Prêcheur, Grande-Rivière, Macouba, la Basse-Pointe, le Morne-Rouge et Agoupa-Bouillon. Soixante-dix mille habitants de l'arrondissement de Saint-Pierre sont sans foyer et cent mille du reste de l'île vivent dans la plus grande inquiétude quant à leur sécurité matérielle.

Dans les rues de Saint-Pierre, on rencontrait ces belles martiniquaises qui portent avec la grâce la plus exquise leur costume national si charmant parce qu'il est si simple. C'est le costume mis à la mode il y a cent ans par l'impératrice Joséphine. La robe légère, longue et molle, la taille sous les seins, jointe à l'allure nonchalante et voluptueuse de celle qui la porte donne un charme troublant à toutes ces femmes qui, négresses, mulâtresses, quarteronnes ou créoles sont toutes remarquablement jolies. Il faut pourtant reconnaître que parmi les plus jolies, celle qui trône en reine, c'est la créole qui doit à la délicatesse de ses traits, à la pâleur étrange de son teint, à la douceur de sa voix, à la gracieuse indolence de sa démarche et de son maintien, un charme exquis auquel il est difficile de se soustraire.

Que l'on songe aux souffrances indicibles des victimes ; à la douleur de tous ceux qui pleurent des êtres chers ; à l'œuvre longue et difficile qu'il faudra accomplir pour relever ces ruines fumantes, pour reconstituer cette petite France où de braves et courageux citoyens avaient transplanté, encouragés par un ciel magique et menteur, nos mœurs, nos habitudes, un peu du génie de notre race !

Que l'on songe à cet épouvantable fléau détruisant les moissons, les usines, les navires, les villages, une ville entière, amoncelant trente mille cadavres sous une boue brûlante et poursuivant jusqu'à plusieurs milles en mer les bateaux qui avaient réussi à fuir son épouvantable fournaise.

Bien rares sont ceux, — en proportion du nombre des disparus — qui ont pu échapper à l'affreuse tourmente. Hier encore, heureux de vivre, jouissant des douces joies de la famille, ils sont maintenant plongés dans le plus sombre des deuils. En un instant, ils ont tout perdu, famille et fortune ; ils ont vu mourir, près d'eux, de la plus épouvantable des morts, tous ceux qu'ils chérissaient ; ils ont vu disparaître ce qu'ils avaient acquis par de longues années de travail.

Or, il est des infortunes qui entre toutes après la perte, après la séparation brutale et éternelle des êtres les plus chers, restent les plus angoissantes : c'est la situation des fils de nos colons et de nos coloniaux martiniquais, hôtes de la métropole.

Inclinons-nous devant tant d'infortunes imméritées, mais inclinons-nous, pour nous redresser plus forts devant le danger et pour puiser dans notre détresse plus de force, plus d'énergie et plus de courage.

Les désastres antérieurs du 5 août 1851, et de 1870, ont été dépassés en horreur, le cataclysme a été plus effrayant, le nombre des victimes, plus considérable. Hélas ! il faut bien se résigner à cet immense malheur, et penser maintenant à ceux qui restent.

Martinique ! nom gracieux qui, hier encore évoquait une de nos plus pittoresques colonies des tropiques, berceau d'adorables créoles. La monstrueuse hécatombe de Saint-Pierre constitue une formidable leçon qui rend l'homme rêveur et rapetisse ses ambitions, son impuissance en présence de telles calamités devrait lui donner une notion de sa faiblesse et développer en lui le désir des solidarités.

A quoi bon tant de divisions, tant de haines, tant d'égoïsme, alors que d'une simple convulsion de ses entrailles, l'immortelle nature peut semer la mort et la désolation sur la surface du globe.

Cela démontre combien nous sommes sans
défense sur la sphère terrestre qui elle-même
est peu de chose dans l'infini. La croûte sur
laquelle nous nous agitons est mince et subit
la pression de la fournaise centrale. Qu'une
fissure se produise, que sur un point la résistance devienne insuffisante, et voilà une éruption comme celle de Saint-Pierre, qui peut
anéantir un continent. La terre toute entière
disparaîtrait ainsi dans une conflagration
formidable que le cours des astres n'en
serait pas changé.

La science est désarmée contre les éruptions volcaniques. Aucune puissance humaine
ne saurait ni dompter, ni restreindre, ni
même détourner ces épouvantables convulsions qui, à certaines époques, viennent tout
à coup éventrer la croûte terrestre. L'humanité toute entière s'est sentie atteinte dans sa
faiblesse. La Martinique est un vieux centre
de civilisation. son nom est familier à l'univers ; ses habitants sont Français, et depuis
longtemps, noirs aussi bien que créoles, mêlés

à notre vie économique et politique. Il y a eu
— ceux-là le savent qui ont étudié l'histoire
des colonies — un échange constant de
population entre les Antilles et la France
continentale : une proportion considérable
de ce qu'on appelle la noblesse française
vient des îles.

Devant l'effroyable catastrophe qui a
détruit une des plus belles colonies françaises, il est une consolation, celle que nous a
donné le spectacle de l'admirable élan de
solidarité humaine qui s'est produit. Subitement les frontières se sont abaissées, les
cœurs ont battu à l'unisson, l'égoïsme a fait
place à la charité. La mort de ces **30.000** victimes a réalisé le plus grand des problèmes,
celui de l'universelle fraternité.

Le cri de pitié qui a retenti dans le monde
civilisé a honoré l'humanité.

La France a recueilli en son affliction de
précieux témoignages de sympathie de toutes les autres Nations, dont elle ne perdra
jamais le souvenir.

Puissent ceux qui pleurent trouver quelque consolation dans le fait que leur douleur est non seulement celle de la France mais celle du monde entier ! Longtemps encore la Martinique portera le deuil de ses enfants fauchés par l'éruption du 8 mai. Mais que soient bénies les mains Impériales Royales et Princières qui se sont tendues vers nous au milieu des épreuves subies.

Que tous ceux qui, de près ou de loin, ont compati à nos souffrances et pleuré avec nous, reçoivent le témoignage de la gratitude de la France.

J'inscris leurs noms dans cet ouvrage qui restera le souvenir de ces heures d'angoisse. Et plus tard, quand les nouvelles générations liront en frémissant ces pages anxieuses si tristement vécues, ils verront l'éclatant témoignage de solidarité qui s'est manifesté. Le cri de douleur de la France a été le cri du monde. Les vivants n'ont pas oublié les morts.

Espérons que nous pourrons soulager ces

Français de la Martinique, qui sont nos frères non seulement par le sang mais encore par le cœur. La France a là une impérieuse dette à acquitter.

Les Antilles ! l'île heureuse est devenue l'île de désastre, de mort et de deuil !

La Martinique ! le paradis terrestre, disait l'Impératrice Joséphine à la Malmaison, lorsque sa pensée se reportait vers les belles fleurs de son pays.

Pauvre Ile maintenant ravagée où dorment dans l'attitude de l'angoisse dernière tous ses habitants, elle dura dans l'histoire la légende douloureuse de Pompéï et les annales inscriront la date fatidique du 8 mai 1902 ! La France ne peut qu'envoyer à ceux de ses enfants qui, là-bas par delà les mers, sur l'îlot aujourd'hui désolé, restent debout à l'ombre du drapeau tricolore, l'expression de son ardente pitié et de sa douloureuse sympathie.

LAVAL. — IMPRIMERIE PARISIENNE, L. BARNÉOUD & Cⁱᵉ.

TABLE DES MATIÈRES

[illegible]

NOMENCLATURE DES OUVRAGES PUBLIÉS
Par PHILIPPE DESCHAMPS

1. A travers les Etats-Unis et le Canada   3 fr. 50
2. De St-Pétersbourg à Constantinople...   3 fr. 50
3. Le touriste en Egypte et en Syrie.....   3 fr. 50
4. De Paris au Soleil de Minuit !.......   3 fr. 50
5. Catalogue des Collections Franco-Russes, offertes aux Musées de France et de Russie, par PHILIPPE DESCHAMPS, 34.652 pièces...........................   10 fr. »
6. Le Livre d'Or de l'Alliance Franco-Russe, dédié à S. M. l'Empereur de Russie ....   10 fr. »
7. 20.000 lieues à travers le Monde, édition in-quarto raisin, illustrée de 175 gravures...............   10 fr. »
8. L'exploitation du mariage (édition épuisée)   3 fr. 50
9. Gloire aux Vainous (édition épuisée).....   2 fr. »
10. La mort d'un Héros, dédié à Mlle de Villebois-Mareuil...........................   4 fr. »
11. La Reine Wilhelmine de Hollande.....   5 fr. »
12. La Russie d'aujourd'hui...............   1 fr. »
13. L'Univers, format grand jésus, 650 pages de texte. Ouvrage documenté dédié à la Jeunesse des Ecoles de France et de Russie...................   25 fr. »
14. La reine Victoria et le roi Edouard VII   5 fr. »
15. Les Finances d'autrefois et les budgets de la France............................   3 fr. 50
16. Le Livre d'Or du Transvaal, édition de luxe illustrée, 750 pages de texte (dédié au Président Krüger)   60 fr. »
17. A travers les pays encore annexés !....   3 fr. 50
18. L'Œuvre de M. Joë Chamberlain.......   5 fr. »
19. La Consécration de l'Alliance Franco-Russe, édition de luxe, format grand jésus, illustrée de 40 gravures sur papier Japon (dédié à S. M. l'Empereur Nicolas II)   100 fr. »
20. Catalogue illustré du Musée Carnot, fondé à Fontainebleau par PHILIPPE DESCHAMPS (6.000 pièces)   5 fr. »
21. Un Roi Bien Aimé (Christian IX).....   3 fr. 50
22. L'Alsace-Lorraine, Française quand même !   3 fr. 50
23. Le Président de la République Française en Russie (1902).........................   25 fr. »
24. Deuil national ! Les Antilles.........   3 fr. 50
25. L'avènement du Roi Alphonse XIII..   3 fr. 50
26. Le Prince Nicolas de Monténégro ...   2 fr. »
27. La Richesse de la France............   3 fr. 50
28. La Russie au 20me siècle............   3 fr. 50
29. Le plus grand crime de l'Univers !..   3 fr. 50
30. L'Union Franco-Italienne, dédié au général Türr...........................   3 fr. 50

LAVAL. — IMPRIMERIE PARISIENNE, L. BARNÉOUD & Cie.